Janis im Himmel

Eines Tages wachte Janis auf. Die Sonne schien durch das Fenster des Roten Hauses. Janis guckte hinaus und sah Wolken und eine Engelschar, die um den Brunnen tanzte. In der Mitte stand ein großer Engel, das war sein Freund Lukas. Janis sprang aus dem Fenster, die Wolken waren sehr weich, sie fingen ihn auf. Die Engel sagten: »Komm, tanz' mit uns!« Und er tanzte mit ihnen. Irgendwann kam der Herr des Roten Hauses und rief: »Es gibt Essen!« Alle Kinder und alle Engel gingen in den Speisesaal und aßen Brot und tranken Wein. Dann spielten die Kinder mit den Engeln weiter.

Immer nach dem Frühstück rief der Herr des Roten Hauses ein Kind zu sich und erzählte dem Kind alle wichtigen Sachen. Heute war Janis an der Reihe. Der Herr des Roten Hauses sagte zu ihm: »Du bist schon sehr lange hier. In ein paar Tagen wirst du auf die Erde gehen. Aber dein Engel geht mit dir und immer wenn du in Gefahr bist, kommt er zu dir und hilft dir. Du wirst ihn aber nicht sehen.« Da sagte Janis: »Ich will aber nicht auf die Erde!« – »Ich verspreche Dir, dass ich dich irgendwann rufe, dann kommst du wieder zu mir und nachts kommt immer dein Engel, der holt dich ab und dann kannst du mich und die anderen Kinder besuchen.« Dann ging Janis wieder nach draußen und spielte mit den anderen Kindern.

Jedes mal nach dem Frühstück
ruft der Herr des Roten Hauses
ein Kind zu sich. Eines Tages
war Janis an der Reihe der
Herr des Roten Hauses
sagte: „Du musst bald mal
auf die Erde." Aber Janis
will nicht. Und ob Janis auf
die Erde geht oder nicht müsst
ihr selber lesen

Nach dem Mittagessen gingen sie in ihre Betten und schlie-
fen. Am Nachmittag fragte der Engel Janis: »Möchtest du mit
mir einen Ausflug zur Erde machen?« – »Kommen wir aber
auch wieder zurück?« – »Ja, natürlich!« sagte der Engel. – »Ja,
gut, dann komme ich mit.«

Sie fuhren mit einer besonders großen Wolke zur Erde, ka-
men an vielen Sternen vorbei und an anderen Wolken. Janis
musste sich gut festhalten, um nicht runterzufallen. Als sie an-
gekommen waren, sah Janis Felder und Wälder, Wasser und
Strand, Städte und Flüsse, Fabriken und Häuser und zwei
Familien. Er sagte: »Ich möchte bei der einen Familie gebo-
ren werden, und dann möchte ich zu der anderen Familie.«
Der Engel sagte: »Gut, du darfst erst zu der einen Familie
und dann zu der anderen. Ich sage es dem Herrn des Roten
Hauses.«

Am Abend waren sie dann wieder im Roten Haus und der
Engel sagte zu dem Herrn des Roten Hauses: »Janis möchte
erst zu Familie D. und dann zu Familie K. und S.« – »Gut«,
sagte der Herr des Roten Hauses, »so wird es sein.« Janis freute
sich schon sehr darauf. (...)

Das ist ein Ausschnitt aus meiner ersten Geschichte, die ich
im Alter von elf Jahren mundgeschrieben habe. Dazu später
mehr.

Wie wird man ein ICH?

Vor einiger Zeit habe ich die Erzählung einer Frau gelesen, die lange Zeit gar nicht merkte, dass sie blind ist. Sie fuhr mit ihren Geschwistern Rad und Rollschuh und dachte, dass alle Menschen wie sie unterwegs seien, nämlich ohne zu sehen. Sie fuhr den anderen Kindern per Gehör nach und ging davon aus, dass die Rufe und das Lachen der anderen Kinder ebenfalls nichts anderes seien als eine Möglichkeit, sich zu verorten und zu orientieren. Das Hinfallen nahm sie mal eben so mit, weil ja auch die anderen Kinder hinfielen. Nach dem Radfahren lernte sie auf diese Weise auch noch Rollschuhfahren und sich im Spiel zu bewegen, bis sie nach langer Zeit feststellte (oder feststellen musste), dass die anderen etwas sahen. Auch wenn sie nicht wusste, was das bedeutet: »etwas sehen«. Wie sie sich im Moment dieser Erkenntnis fühlte, wie das für sie war, stand in dem Bericht leider nicht. Es hätte mich sehr interessiert, denn auch ich habe lange nicht wirklich gemerkt, dass mein Körper sich von den Körpern der anderen Menschen unterscheidet. Ich frage mich manchmal, ob ich da eine Art »blinden Fleck« hatte. Denn es ist ja fast unmöglich, meine Behinderung zu übersehen. Bis zu dem Moment, in dem ich gewahr wurde, dass da was nicht stimmt und ich irgendwie seltsam bin, sah ich mich eher als ein besonderes »Förmchen«. So, wie manche Menschen eine andere Hautfarbe haben, fehlen mir eben Arme und Beine, dachte ich. Nichts Besonderes. Kein Grund zur Panik oder um nervös zu werden. Ich lebte in meinem »Ohne-Arme-und-Beine-Land«, und da es keine weiteren Bewohner dieses Landes gab, lernte ich eben als eine Art Pionier das »Mit-Arme-und-Beine-Land« kennen.

Natürlich gab es einige Situationen, in denen mir hätte bewusst werden können: Hallo! Du bist behindert! Ich bemerkte es aber nicht und es irritierte mich auch nicht, als ich mit ungefähr anderthalb Jahren meinen ersten Elektrorollstuhl bekam. Während andere Kinder in diesem Alter laufen lernten und ihre ersten Schuhe bekamen, habe ich also meinen Rollstuhl-Führerschein gemacht. Kann sein, dass ich damit früh dran war, doch meine Eltern entschieden sich damals sehr bewusst dafür, dass ich einen Rollstuhl fahren sollte. Einerseits wollten sie so wenig Hilfsmittel wie möglich für mich, damit der kleine Janis alles selbst lernen konnte. Auf der anderen Seite sollte ich aber alles, was nötig war, so früh wie nur möglich zur Verfügung haben. Also machte ich mit gerade mal neunzehn Monaten per Elektrorollstuhl meine Umwelt unsicher und erkundete alle Ecken – so, wie andere Kinder erste halsbrecherische Erkundungen auf zwei Beinen machen.

Damals, als ich den Rollstuhl bekam, trafen meine Eltern eine wichtige und bis heute gültige Entscheidung. Ich habe zwei kurze Oberarme, der linke hört kurz nach der Schulter auf, ist also fast nicht zu sehen. Der rechte ist etwas länger und läuft vorne spitz zu. Mit welchem sollte ich denn nun den Rollstuhl steuern? Mit rechts? Mit links? Die Entscheidung der Rollstuhlbauer war klar, mit rechts natürlich, das war der stärkere Arm, der Geschicktere. Doch so kam es nicht. Die Überlegung meiner Eltern war so einfach wie genial. Der rechte Arm würde sowieso immer sehr beansprucht werden, bei allem, was ich tue, ist er involviert. Der linke eignet sich hingegen nicht für vieles, ist also unterbelastet. Also wurde der Joystick links montiert. Von dem Zeitpunkt an hatte der kleine, kurze Arm eine wichtige Aufgabe, er durfte Rollstuhl fahren – und heute Auto. Mit dem rechten kann ich daher parallel andere Dinge machen – Männer können eben doch Multitasking!

Spielen mit dem Rollstuhl

Der Rollstuhl war auch ein Spielzeug. Ein sehr spannendes sogar. Und er war cool. Im Kindergarten mit einem knallgelben Elektrorollstuhl vorzufahren, das war schon was. Man konnte da ganz easy den Bollerwagen mit einem Seil hintendran binden und dann mit einem Affenzahn um den Kindergarten herum cruisen. »Lass mich auch mal«, drängelten die anderen Kinder, weil die sich wohl im Gegenzug ärgerten, dass sie auf Beinen laufen mussten, während ich ganz bequem und schnell auf Rädern durch die Räume flitzte. Es war leicht, sie für mich zu gewinnen, und möglicherweise sind es diese ersten Erfahrungen auf dem staubigen Kindergartenlinoleum, denen ich verdanke, dass ich auch heute noch sehr unbefangen auf Menschen zugehe. Nein, ich war nicht zu bedauern. Ich hatte richtig was zu bieten! Ich hielt es wie Tom Sawyer, dem es gelang, seine Strafe in eine Belohnung zu verwandeln. Tom war von seiner Tante Polly dazu verdonnert worden, den Lattenzaun zu streichen, und erlaubte anderen Kindern gegen Entgelt, auch einmal eine Latte zu streichen. Super gelöst – so machte ich es auch. Wie bei all meinen späteren Rollstühlen, gab es eine Platte hinter dem Sitz, auf der heute meistens meine Tasche steht und die früher als »Soziussitz« bei den anderen Kindern heiß begehrt war. »Nimm mich mit!«, riefen alle durcheinander und schubsten sich gegenseitig von dieser Platte herunter, weil sie nur zu gerne darauf standen und als meine Fahrgäste mit mir auf Rollstuhlreise gingen. Manchmal hatte ich drei Fahrgäste auf einmal dabei, die fanden das super, mit mir so durch die Gegend zu brettern. Gut, wenn man schon so früh erfahren darf, dass man etwas Besonderes zu bieten hat!

»Den Bierkasten nimmst du«, bestimmen heute meine WG-Kumpels und platzieren beim Einkauf unsere Flüssignahrung auf meine Platte. Auch manches hübsche Mädchen hat sich schon mit stolzgeschwellter Brust von mir herumkutschieren lassen.

»Fahr mich mal eben zum …!«

»Kannst du das transportieren?«

So kommt mein Rollstuhl nicht nur mir zugute, sondern er ist ein Kontaktmittel und erleichtert lästige Hausarbeiten. Ich putze keine Fenster, aber dank meines fahrbaren Untersatzes muss bei uns kein Mensch schwere Wassereimer schleppen. Ich weiß meine Beine zu ersetzen. Wenn es im Kindergarten damals hieß: »Wir machen jetzt einen Spaziergang, zieht euch alle die Schuhe an!«, dann hätte mir theoretisch klar werden können, dass ich anders bin. Aber für mich bedeutete: »Schuhe anziehen« einfach nur »Setz dich in den Rollstuhl!«

Schon früh ließ sich manch hübsches Mädchen von mir herumkutschieren. Und mit der gelben Farbe sah mein Rolli im Kindergarten
einem Taxi doch sehr ähnlich.

Mein Rollstuhl *war* mein Paar Schuhe. Ich war nicht anders, sondern nur individuell. Und besonders.

Eines Tages begann ich, unsicher zu werden. Ich betrachtete die anderen Menschen und blickte verdattert an mir herunter. Aber da war nichts zu sehen. »Wo sind denn meine Beine?«, fragte ich mich. Andere bewegten sich doch auch auf diesen zwei Dingern, die ihnen da unten aus dem Körper wuchsen. Wieso hatten die anderen Beine und ich nicht?

Es war wohl dieser eine Tag, der allem eine neue Bedeutung gab. Der Tag, an dem ich diese Unsicherheit zum ersten Mal spürte. Mein Vater war morgens dafür zuständig, uns für die

Schule fertig zu machen, beim Duschen zu helfen, uns anzuziehen, gemeinsam zu frühstücken und rechtzeitig loszukommen. Weil das mit fünf Kindern ziemlich lang dauerte, gab es zwischendurch Wartezeiten. Kinder werden ja, wie man weiß, umso langsamer, je eiliger die Erwachsenen es haben. Auch bei uns war das nicht anders. Es gab besonders in diesen Morgenstunden immer noch so vieles, was geholt, gelesen, betrachtet sein wollte. Was auf jeden Fall wichtiger war als blöde Schulranzen und Pullover! Es war jeden Morgen ein ziemliches Durcheinander und ein großer Flohzirkus.

Ich war immer der Erste, der »fertiggemacht« wurde, und gewann dadurch ein kleines Zeitfenster, in dem ich warten, beobachten und mich amüsieren konnte. Ich stand oder saß im Hausflur, vor der Garderobe, noch ein bisschen müde, habe meinen Blick schweifen lassen, und wenn jemand etwas vergessen hatte und ich es holen konnte, dann tat ich das. Links vom Hausflur führte eine rot lackierte Treppe hoch in den ersten Stock. Geradeaus ging es zur Haustür, man musste noch einmal drei Stufen hinuntergehen, dann war man draußen. Unser Haus war damals noch weit entfernt davon, barrierefrei zu sein. Das kam erst später. Meistens bin ich bis zu diesen drei Stufen selbst gelaufen. Dort konnte mich mein Vater dann gut auf den Arm nehmen und unten in den Rollstuhl setzen. Ich war das einzige Kind mit Rollstuhl, meine Geschwister hatten andere Beeinträchtigungen, konnten aber alle auf eigenen Beinen laufen.

Bevor ein Kind beginnt, sich mit anderen zu vergleichen, ist es ihm egal, ob es eine rote oder eine blaue Latzhose trägt. Und dann kommt mit einem Mal der Moment, in dem es denkt: »Hey, wieso trage ich eigentlich Grün?«

Schock beim Blick in den Spiegel

Bei mir war das der Augenblick, in dem ich realisierte, wie eigentümlich ich »lief«. »Janis, komm schon mal her! Wir müssen uns beeilen«, trieb mein Vater mich an. An diesem Tag, ich erinnere mich genau – ich muss acht Jahre alt gewesen sein –, hüpfte ich auf ihn zu, ein wenig schneller, als ich mich sonst ohne Rollstuhl fortbewegte. Und dann passierte es: Mein Blick fiel auf mein Spiegelbild im neuen Garderobenspiegel, und ich erkannte mit einem Schlag, dass ich »grün« war und mich komplett anders bewegte als die »Roten« und die »Blauen«. Mein Herz blieb beinahe stehen, ich erschauderte und konnte gar nichts sagen. Meine Welt veränderte sich vom einen Moment auf den nächsten. Dass ich weder Arme noch Beine hatte, war mir fortan bewusst. In diesem Moment, als ich mich im Spiegel sah, erkannte ich zum ersten Mal, dass es, wenn ich ging und mich beeilte, anders aussah als bei den anderen.

Mich so zu erkennen, fand ich sehr befremdlich. Irgendwie seltsam. Vor allem weil ich das, was ich sah, nicht fühlte, nie gefühlt hatte. In meinem Kopf war ein Bild von mir, das komplett anders war als das des kleinen Jungen, dem ich da im Spiegel begegnete. Ich war noch völlig davon überzeugt, einmal Motorradpolizist zu werden und an wilden Verfolgungsjagden teilzunehmen, zumindest aber irgendwann mal Motorrad zu fahren. Was ich dort erblickte, hatte nichts mit dem zu tun, wie ich mich sah und wie ich empfand. Ich dachte, das ist nicht der Janis, den ich kenne.

Um mich herum tobten meine Geschwister, mein Vater wartete, es herrschte das allgemeine morgendliche Durcheinander – und ich stand da, wie vom Donner gerührt, weil meine bisherige Welt gerade in sich zusammengestürzt war. »Janis!«, rief mich mein Vater ungeduldig. »Hör auf zu trödeln!« Aber ich trödelte ja gar nicht. Ich war nur total durcheinander. Ich war schockiert und mir mit einem Schlag selbst fremd geworden.

»Papa?«, fragte ich leise, aber weiter sagte ich nichts.

Der Morgen ging weiter, als wäre es ein Morgen wie jeder andere. Wir fuhren in die Schule, meine Schwester blödelte, mein Bruder lachte, und ich tat so, als sei nichts geschehen. Innerlich beschäftigte mich aber ganz stark, dass ich mich »gesehen« hatte. Ich hatte entdeckt, dass ich da etwas »machte«, was mir überhaupt nicht gefiel, was ich aber eigentlich nicht ändern konnte. Es sah schlicht und einfach bescheuert aus, wie ich so durch die Gegend hüpfte. Wie ein Ball oder ein verrücktes Känguru. Es war grässlich, ich schämte mich und wollte, dass es aufhörte.

Und wenn es schon nicht aufhörte – denn ich kapierte durchaus, dass ich mich mit meinem Körper wohl eher einverstanden erklären musste –, dann sollten sich meine Bewegungen wenigstens denen der anderen Menschen anpassen, sodass ich dadurch nicht auffiel.

Wie blöd war das denn! Ich fremdelte mit mir selbst und musste an ein Märchen denken, das mir meine Eltern früher oft vorgelesen haben. Es ging in dieser Geschichte um ein Eselchen, das anders ist als die anderen und sich eines Tages plötzlich selbst erkennt. In diesem Moment vor dem Spiegel, da fühlte ich mich ein wenig wie dieses Eselchen. Schockiert, niedergeschlagen und verwirrt. Was sollte ich mit dem, das ich da sah, nun bloß anfangen?

Nimm dich so, wie du bist

Vielleicht war es ja in genau diesem Moment, dass ich beschloss, mich davon nicht unterkriegen zu lassen. Möglicherweise hoffte ich auch, so etwas wie der kleine Prinz zu sein, ein Junge, von dem es viele gibt, der aber dummerweise auf einem falschen Planeten gelandet ist.

Das Leben ging weiter, es gab so viel zu entdecken, vor allem auf dem Pausenhof. Lange gehadert habe ich, soweit ich mich erinnern kann, mit meinem Schicksal nicht. Doch mein Bild im Spiegel blieb in meinem Hinterkopf gespeichert.

Das Thema kennen ja viele Menschen. Nach meinen Vorträgen komme ich oft mit Leuten aus dem Publikum ins Gespräch, und ich höre bei fast jedem heraus, dass er etwas hat, das er an sich nicht mag, das aufhören oder anders werden soll. Weil aber nun mal eine Glatze auch durch Haarimplantate nur bedingt weniger Glatze wird und aus einem geborenen Chaoten wohl kaum ein korrekter Buchhalter werden kann, gibt es meiner Meinung nach nur einen Weg aus dieser Selbstgeißelungs-Spirale, mit der ich damals vor dem Spiegel im Flur begonnen hatte. Erstens: Verändere, was du verändern möchtest und verändern kannst. Zweitens: Akzeptiere dich darüber hinaus so, wie du bist.

»Sei, wie du bist, von den anderen gibt es schon genug«, habe ich kürzlich auf einer Postkarte gelesen. Und genau das ist der Punkt. Es ist für mich keine Einladung, sich zurückzulehnen und alles lammfromm so anzunehmen, wie es nun einmal ist. Nein, das heißt zunächst einmal: Nimm dich so, wie du bist. Das, was dir nicht gefällt und änderbar ist, kannst du dann immer noch verändern.

Manche meiner »Beeinträchtigungen« habe ich nie als solche wahrgenommen. Dass ich nicht mit Messer und Gabel essen kann, so what? Ich habe eigentlich immer alles mitgemacht, im Sandkasten gespielt, rumgetobt, war alles kein Problem. Dass ich später nicht mit den Kumpels Fußball spielen konnte, hat mir schon wehgetan. Irgendwie habe ich dadurch den Anschluss verloren. Doch wer etwas nicht mitmachen kann, prägt in der Regel etwas anderes aus, findet ein Talent, eine Eigenschaft, ein Können. So war das auch bei mir. Ich spielte zwar nicht mit auf dem Fußballfeld, aber ich wollte im Leben mitspielen, also suchte ich mir einen Weg über meine Präsenz und mein Verhalten.

Würdevoller Gang

Der Blick in den Spiegel war der Anstoß dazu, auch wenn es einige Zeit brauchte, bis ich das, was ich da mit Schrecken erkannt hatte, verändern konnte. Ich begann also, möglichst nicht »behindert« auszusehen, nicht zu viel zu zeigen von der Art und

Ich habe als Kind alles mitgemacht. Hier hatte ich eine spezielle coole Schere, die mir lange den Spaß am Basteln erhalten hat.

Weise, wie ich mich natürlich bewege. So lernte ich, mich auf dem Boden zu bewegen, ohne dabei zu hüpfen. Ich versuchte, mir nach und nach Bewegungen anzutrainieren, sie zu verändern, sodass sie in meinen Augen ästhetischer waren. Heute springe ich nur, wenn ich in Eile bin und es schnell gehen muss, denn es sieht nun mal merkwürdig aus. Einiges hat sich seit dem Blick in den Spiegel verändert. Mein Gang ist würdevoller geworden und auch die Art und Weise, Treppen zu steigen, hat sich für mich revolutioniert. Während ich sie früher oft eher hochgekrochen bin – sie Stufe für Stufe mit meinem T-Shirt gewischt habe – kann ich sie heute aufrecht gehend erklimmen und mich dabei sogar unterhalten, wenn ich nichts tragen muss. Ich hatte ja nie jemanden, der mir hätte sagen können: »Janis, versuch es mal so oder so zu machen.« Ich musste es für mich selbst entdecken und lernen. In der Öffentlichkeit Treppen zu steigen war mir dennoch lange unangenehm, nicht nur, weil öffentliche Stufen meist eklig dreckig sind, sondern weil ich ohne Rolli viel kleiner bin als andere. Seit Kurzem finde ich aber immer mehr Spaß daran, genau das in meine Vorträge mit einzubauen und mich zu überwinden. Statt mich von einem ewig lahmen Hublift auf die Bühne hieven zu lassen, bin ich deutlich schneller »zu Fuß« nach oben gesprungen. Ich weiß ja mittlerweile, wie das geht, ohne blöd auszusehen!

Damals begann ich auch, auf mein Aussehen zu achten – vielleicht ist das eine unbewusste Kompensation, ein Mittel, um meine »Mängel« auszugleichen. Das läuft ja nicht immer alles so bewusst ab. Wie auch immer – ich wollte bereits »schön« sein, als ich noch gar kein richtiges Schönheitsideal hatte. Heute weiß ich, was mir gefällt. Ich lege zum Beispiel viel Wert auf eine gut sitzende Frisur – manche Freunde bezeichnen das sogar als richtigen Tick. Damit ich mich kämmen kann, ist an meinem Rollstuhl ein Bügel befestigt. Alle 30.754 Haare müssen korrekt liegen – schließlich will ich nicht durch abstehende Haare auffallen – und so wünsche ich mir das auch bei anderen. Einmal habe ich jemanden kennengelernt, der mir in dieser Hinsicht supergut gefiel. Als er dann irgendwann die Frisur wechselte, war's vorbei. Ich fand ihn einfach nicht mehr attraktiv.

Ansonsten finde ich große Hände toll. Schöne, große, kräftige Hände und kräftige Oberarme. Und unter den Blicken hübscher Rehaugen könnte ich geradezu dahinschmelzen. Darf man das, als Mensch wie ich, so anspruchsvoll sein und an anderen so herumnörgeln? Aber sicher doch! Warum auch nicht? Ich selbst lege großen Wert darauf, wie ich frisiert und angezogen bin. Es ist auch kein Zufall, dass mein Rollstuhl so aussieht, wie er aussieht. Ich verwende viel Mühe darauf, ihn zu gestalten. Ein bisschen Eitelkeit muss sein.

Ich habe mich nach und nach zu meinem derzeitigen ICH hin entwickelt und bin immer noch auf dem Weg. Dazu gehören für mich nicht nur Selbstakzeptanz und Selbstwertgefühl, sondern eben auch Präferenzen und Macken. Es geht darum, unabhängig zu werden von anderen Menschen und Meinungen. Damals vor dem Spiegel, und auch später noch, als ich Prothesen angepasst bekam, war ich noch weit davon entfernt. Ich wäre »normalerweise« 1,90 Meter groß geworden, hat man mir einmal ausgerechnet. Als ich den kleinen Janis mit seinem knappen dreiviertel Meter im Spiegel wahrgenommen habe, wusste ich das noch nicht. Zum Glück. Wer weiß, was das mit mir gemacht hätte?

Manchmal mache ich mich sogar lustig über mich und meine Eitelkeit. Ich komme an keinem Spiegel vorbei, ohne dass ich mal wenigstens kurz »einen Blick riskiere«. Stimmt die Frisur, habe ich vielleicht einen Pickel auf der Nase, glänzt die Haut? Wenn irgendwas nicht gut aussieht, habe ich ein echtes Problem. Wenn der Aufzug keinen Spiegel hat, ist er nicht barrierefrei genug für mich!

Im Prinzip geht's mir da wie jedem anderen auch. Ich finde mich inzwischen hübsch und attraktiv. Ein Stück weit jedenfalls. Hört sich das arrogant an? Ich glaube nicht, oder? Die Attraktivität von Menschen spiegelt sich nicht nur im Äußeren, sondern wirkt vielmehr von innen nach außen und kommt dann in Gesten zum Ausdruck. Manche Menschen machen zum Beispiel gewisse Bewegungen, wenn sie konzentriert nachdenken. Die fassen sich ans Kinn, kratzen sich am Kopf oder streichen sich über die Nase. Das alles kann ich so natürlich nicht machen. Für solche Sachen habe ich den Bügel am Rollstuhl. Daran bewege ich meinen Kopf auf und ab, wenn ich nachdenke. Solche Bewegungsabläufe habe ich mir angewöhnt, sie gehören zu mir, zu meinem Leben. Meine ganz eigene Gestik, auch wenn ich keine Arme habe, die es eigentlich dazu bräuchte. Ich kann sie mittlerweile sogar in der Öffentlichkeit zeigen, ohne ständig zu überlegen: »Wie sieht das jetzt für die anderen aus? Wirkt das irgendwie komisch, komme ich damit ›behindert‹ rüber?«

Tanzen im Rolli

Beim Tanzen war ich lange Zeit sehr unsicher. Da ich wusste, wie es für andere aussieht, wenn ich »laufe« beziehungsweise wie ein Känguru durch die Wohnung hopple, wollte ich mir nicht noch vorstellen, wie es aussehen würde, wenn ich mich rhythmisch zur Musik bewege. Musik gefiel mir gut und ich beobachtete andere Menschen sehr gerne beim Tanzen. Wie ihre Füße über die Tanzfläche gleiten oder die Mimik in den Gesichtern. Beobachten konnte ich sowieso gut, am liebsten stundenlang und völlig in meine eigenen Gedanken vertieft. Aber nicht einmal im Traum wäre ich auf die Idee gekommen, selbst das Tanzbein zu schwingen, nicht einmal den Kopf zu bewegen. Den verpflichtenden Tanzkurs der Schule machte ich nur widerwillig mit und schämte mich die ganze Zeit. Die Mädels interessierten mich nicht und dann sollte ich auch noch eine zum Tanzen auswählen? Wie sollte ich das bloß anstellen? Es fand sich schließlich doch eine, die sich auf das Abenteuer einließ. Mit einem Tuch, das an meiner Schulter befestigt war, sollten wir die Verbindung halten – näher hätte sie mir nicht kommen können, sonst wären ihre zierlichen Füße unter den Reifen zermalmt worden. Das sah so behindert aus, wie wir mit diesem Tuch krampfhaft versuchten, einander nicht anzurempeln. Lange habe ich gebraucht, um das zu verdauen. Heute macht es mir nichts aus zu tanzen. Ist die Musik gut, schaukelt der Rolli so stark, dass man besser keine Getränke darauf abstellt – sollen die anderen doch denken, was sie wollen! Und wenn ich genügend Platz um mich herum habe, schalte ich in den extra dafür vorgefertigten fünften

Gang, den Tanz-Gang, mache die Tanzfläche unsicher und bin überglücklich. Dinge unbeschwert in der Öffentlichkeit zu tun, für die ich mich früher geschämt habe und zu denen ich jetzt stehen kann, das stärkt ja wiederum das Selbstbewusstsein.

Schnell gelernt stark zu sein

In der Zeit, als ich der kleine Junge war, der da vor dem Spiegel so über sich selbst erschrocken war, habe ich viel darüber nachgedacht, warum ich nicht so bin wie andere. Ich habe es immer wieder in meinen Gedanken hin und her bewegt. Es war nicht immer einfach, für mich einen Weg zu finden, mich so zu akzeptieren, wie ich bin. Mit allen meinen Macken. Dennoch kamen die Impulse des Zweifelns meist nicht von mir. Ich habe schnell gelernt, stark zu sein. Nicht in dem Sinne, dass ich Ziegelsteine hätte schleppen können. Nein, ich habe mir früh ein dickes Fell zugelegt und hatte wenig Selbstzweifel. Ich war immer enorm ehrgeizig, um normal zu sein und dazuzugehören. Die Impulse kamen meist von anderen, die mich »komisch« fanden, häufig von anderen Kindern. Eine Menge blöde Fragen und gaffende Blicke musste ich ertragen. Das Besondere an mir ist, dass bestimmte »Defekte« sehr offensichtlich sind. Aber im Grunde haben wir doch alle Fehler und Macken. Bei anderen muss man nur genauer hinschauen, was nicht heißt, dass man sich auf die Jagd danach begeben sollte. Im Gegenteil, in jeder Unregelmäßigkeit steckt doch immer auch eine Chance drin, etwas Besonderes daraus zu machen!

Veränderung speist sich erst einmal aus den Dingen, die

sich im Kopf abspielen. Mit Gedanken, die sich entwickeln und dann oft zu einem Umdenken, zu einer anderen Wahrnehmung führen. Äußerlich hat sich bei mir ja nichts verändert – zumindest nicht das, was mit meiner Behinderung zu tun hat. Ich achte jetzt weniger auf meine »Defekte«, sondern eher auf das, was ich gut finde an mir, was mir gefällt, was stimmig ist, was Kraft hat, etwas zu bewegen.

Dafür ist es natürlich auch wichtig, dass ich das Gefühl habe, von anderen akzeptiert zu werden und immer wieder positives Feedback zu bekommen. Wenn einem die ganze Welt signalisiert, dass man nicht passt, wie man ist, oder dass man seltsam aussieht, dann bräuchte es schon ein übermenschliches Selbstbewusstsein, sich trotzdem gut zu finden. Hätten meine Eltern mir ständig gesagt, wie komisch das aussieht, wenn ich laufe, wäre ich wahrscheinlich nicht weitergekommen, würde mich heute noch hässlich und peinlich finden. Mir halfen die Anstöße, Kommentare und Anregungen meiner Freunde immer sehr. Das ist sehr stärkend, das baut auf. Allerdings haben mich meine Freunde nicht immer nur mit Samthandschuhen angefasst! Das hätte ich sowieso nicht gewollt. Nein, es gab auch immer wieder durchaus kritische Anmerkungen. Die haben zwar anfänglich immer ein wenig gezwickt, aber letztlich brachten sie mich jedes Mal ein Stückchen weiter.

Eine gewisse Autorität

Schon damals im Kindergarten war ich eine gewisse Autorität gegenüber den anderen Kindern. Mir auf der Nase herumzutanzen war kein Spaß. Meine Spielkameraden lernten schnell, dass ich mich zwar nicht körperlich wehren konnte, Worte aber eine ähnlich harsche Wirkung haben können. So konnte ich mir Gehör verschaffen und ich mich in einer Welt des Gerangels und der blutig geschlagenen Nasen behaupten. Klar, mit einer kräftigen und selbstbewussten Stimme geht das leicht. Ich war entschlossen und mutig. Mutig, meine Stimme zu erheben, wenn man mir blöd kam oder mir das schöne Sternenförmchen im Sandkasten klauen wollte!

Oft spielten wir »Vater, Mutter, Kind«, meist war ich der Vater. Wenn ich etwas anderes spielen wollte, dann überzeugte ich die anderen in aller Freundlichkeit davon, dass meine Spielideen cooler waren. Selbst im Sandkasten ohne Rollstuhl hat das fast immer funktioniert.

Nur meine Mutter drehte irgendwann durch, denn ich hatte im Kindergarten einen unendlich hohen Hosenverschleiß. Da ich ständig auf dem Boden oder im Sandkasten herum-rutschte, verging fast kein Tag ohne irgendwelche Löcher und aufgeplatzte Nähte.

»Ich hab eine Idee«, freute sich meine Mutter, und ich, der ich mich bereits im Stadium der Vorfreude auf die Schule be-fand, dachte, dies hätte etwas mit Schultüte oder einem auf-regenden Schulranzen zu tun. Aber das war ein gewaltiges Missverständnis …

Der Ernst des Lebens

»Das muss anders werden«, tat meine Mutter ärgerlich und zwinkerte mir zu. »Glaubst du, Nähen und Stopfen sind mein Hobby?«

Genervt nähte sie erneut genau die Naht, die den Riss der letzten Woche hatte zusammenhalten sollen.

»Und was ist mit der Idee?«, knüpfte ich wieder an.

»Stimmt ja«, freute sich meine Mutter. »Die wollte ich dir doch schon gestern geben!« – und schwenkte eine nagelneue Lederhose in der Luft. Es dauerte einen Moment, bis ich begriff, dass ich als Träger auserkoren war.

»Ah, echte bayerische Krachlederne«, gab nun mein Vater seinen Senf dazu und prüfte beeindruckt die reißfeste Wildlederne, die künftig meinen Hintern schützen sollte. »Mit Hosenträgern!« Genau, und dem berühmten Latz vor der Brust.

Ich war sprachlos, wusste nicht, wie mir geschah. Ich sah ein, dass es lästig sein musste, immer und immer wieder die Löcher in meinen Hosen zu flicken. Aber Lederhosen tragen? War ich nicht mit der Woll-Sturmhaube, die wir früher immer anziehen mussten, gebrandmarkt genug? Wer weiß, wie modebewusst ich heute bin, kann ermessen, was sie mir damit antaten. Furchtbar! Schrecklich!! Doch ich hatte keine Chance, denn dieser Typ Hose hielt einfach länger als die anderen. Und Hand aufs Herz, soo schlimm war es dann auch wieder nicht,

Peinliche Frisur, grauenhafte Lederhose: Ich im Kindergartenalter.

nur halt noch »behinderter«, wie ich damals zu allem zu sagen pflegte, was ich ablehnte. Wenn ich heute Fotos vom kleinen Janis in der Krachledernen sehe, dann denke ich nur: grauenhaft! So wie manche Kinder ihre Frisuren von früher peinlich und unglaublich schrecklich finden.

Na ja, zum Trost bekam ich dann wenigstens ein Spielzeugauto. Ich hatte Tausende davon. Sie waren »Objekte der Begierde« meiner ersten Sammelleidenschaft. Wenn andere Kinder sich an meinen Autos vergriffen, ohne mich zu fragen, drehte ich durch. Nicht, weil ich nicht teilen wollte, sondern weil diese »unautorisierten Nutzungen« oft zu Schäden führten: die anderen gingen nämlich immer so unvorsichtig mit den Autos um. Ich spielte mit ihnen am liebsten ganz in Ruhe und mit äußerster Vorsicht, habe gerne Urlaubssituationen, zum Beispiel in einem Fährhafen oder Ähnliches, nachgespielt. Bei den anderen Kindern mussten es immer Unfälle sein, mit Wumms und Riesen-Crashs. Das ging mit meinen Autos nicht. Das schmerzte mich fast selbst, wenn ich sah, wie sie den Crash immer und immer wieder nachspielen mussten. Dafür mussten sie schon ihre eigenen mitbringen. Meine Autos hielten – anders als meine ersten Kinderhosen – richtig lange. Es gibt sie heute noch. Ich hebe sie gut auf, in einem Karton auf meinem Schrank.

Dazugehören, aber wie?

Doch irgendwann musste ich begreifen, dass der Ernst des Lebens nicht darin bestand, mit Autos zu spielen, sondern in die Schule zu gehen und Aufsätze zu schreiben. Die Auswahl der richtigen Schule war nicht so einfach. Am nächstliegenden wäre eine sogenannte Sonderschule gewesen, die fast in der Nachbarschaft unseres Hauses lag. Es hieß, das sei doch sehr praktisch. »Und?«, fragten unsere Nachbarn, warum sollte das Kind denn in eine andere Schule gehen?

Eben – weil ich es doch so gerne unpraktisch mag!

»Das kommt überhaupt nicht in Frage!«, wiesen meine Eltern die Idee mit der Sonderschule energisch zurück. »Schließlich hast du ja auch den Kindergarten mit anderen ›normalen‹ Kindern besucht und das hat dir ganz sicher nicht geschadet. Im Gegenteil.«

Sie erkundigten sich, recherchierten in alle Richtungen und schleppten mich von einer Schule zur nächsten. Ich hörte von

Konzepten, die ich nicht verstand, von langweiligen pädagogischen Ansätzen, und während meine Eltern mit Pädagogen und Lehrern verhandelten, sich alles erklären ließen und selbst erklärten, ließ ich meine Blicke schweifen. Ich bewertete eine Schule nach der anderen für mich. Die eine war mir zu farblos. Die andere zu bunt. Die nächste hatte keinen schönen Pausenhof. Und alle hatten diesen muffigen, stinkenden Geruch eines nicht ordentlich gereinigten Teppichbodens in den Zimmern, wo die Aufnahmegespräche stattfanden. Ich musste Fragen beantworten, Rechenaufgaben lösen und mich gut benehmen – man nahm sich viel Zeit … Meine Eltern kämpften derweil darum, dass ich in eine Schule aufgenommen wurde, die durch mich inklusiv werden sollte.

»Also, jetzt müssen wir uns entscheiden«, wir hatten mal wieder stundenlang in einem stickigen Zimmer gesessen und befanden uns im Auto auf dem Rückweg. Meine Eltern diskutierten gerne und tauschten mit Leidenschaft Argumente aus, die durch immer wieder neue Argumente verworfen wurden.

Ich entschied hingegen, den Prozess deutlich abzukürzen. »Ihr braucht gar nicht länger suchen, ich weiß eh, auf welche Schule ich gehe!«, ließ ich aus voller Brust von hinten durch das Auto verlauten. »Ach ja, auf welche denn?«, fragten meine Eltern sehr verblüfft. »Die Waldorfschule in Langendreer!«, war ich mir sicher, die würde die beste sein. Die Antwort auf die nun zwangsläufig gestellte Frage, warum es denn gerade die sein sollte, war einfach: »Weil es dort den besten Nachtisch gibt!«

Ich denke, das war ein guter Grund. Für den super Nachtisch habe ich gerne den anfangs weiten Schulweg in Kauf genommen. Außerdem war dort diese faszinierende, alte Villa mit der dunklen Holztreppe und dem Kronleuchter, der majestätisch an der Decke hing. Jeden Tag in einer Villa zu speisen, das gefiel mir. Wurde ich am Ende doch ein kleiner Prinz?

Neue Schule, neue Umgebung, neue Klassenkameraden … es hat schon eine Weile gedauert, bis ich da so richtig angekommen war. Ich musste in besonderer Weise meinen Platz in der Klasse finden, auch im wörtlichen Sinn. Denn das Konzept der Waldorfschule sieht vor, dass die Kinder in den ersten Jahren nicht auf Stühlen an Tischen sitzen, sondern dass es nur Bänke gibt, auf oder vor oder hinter denen oder wie auch immer man sitzt. Es nennt sich »das bewegte Klassenzimmer«. Die Schüler sollen umhergehen und die Bank spielerisch auf verschiedene Weise benutzen. Schön für mich! Meine Schwierigkeit bestand darin, dass ich erst mal schauen musste, wie ich mich in all dieser Beweglichkeit zurechtfinde. Ich konnte mich ja nicht einfach so auf eine Bank schwingen. Vor der Bank auf dem Boden sitzen war kein Problem – nur die Kissen waren etwas hart. Aber oben drauf? Ohne Rückenlehne? Viel zu gefährlich! Also hat man mir eine Art »Gestell« auf die Bank gebaut, in dem ich sitzen oder vielmehr »thronen« konnte. Das war furchtbar peinlich. Wie gesagt, ich wollte ja so wenig »behindert« aussehen wie möglich, den anderen nicht zeigen, dass ich mich manchmal »komisch« bewegte. Wieder kroch das ungute Gefühl in mir hoch. Ich schämte mich.

Die Einschulung im großen Festsaal war furchtbar aufregend. Jedes Kind hatte ein anderes Kind aus der neunten

Klasse, einen Schulpaten, der einen auf die Bühne begleitete, durch das sogenannte Blumentor, das symbolische Tor in die Schule. Auf der Bühne saßen schon andere ABC Schützen, die darauf warteten, dass es endlich losgehen würde. Alles vor versammelter Schule und unter den kritischen Blicken der Eltern, die vor Stolz nur so glühten. Und nun wurde mein Name aufgerufen: »Janis McDavid«, schallte es durch den großen Saal. Das Blut stieg in mir hoch, es gab kein Zurück mehr. Ich wurde von meinem Paten abgeholt und durchs Blumentor getragen. Oben erwartete mich schon dieses potthässliche Extra-Gestell, das sie für mich gebastelt hatten. In den Erdboden wäre ich gerne versunken, Nachtisch hin, Nachtisch her.

Schreiben mit den rechten Backenzähnen

Dennoch erwies sich meine rein kulinarisch begründete Entscheidung letztlich als gut. Ich fühlte mich sehr bald »daheim« und lernte schnell, mit all den Schwierigkeiten umzugehen, die sich mir boten. Geschrieben habe ich mit dem Mund und mache es bis heute so. Dafür klemme ich mir den Stift zwischen die Zähne und bewege dann den Kopf so, dass die Buchstaben aufs Blatt kommen. Die Zunge und Lippen helfen dabei und so wurde ich immer schneller. Bald war ich beim Diktat nicht mehr der Letzte und trainierte mir eine gute Mundschrift an. Wenn Sie jetzt – so wie viele andere auch – den Drang verspüren sollten, das auch mal auszuprobieren, lassen Sie mich Ihnen einen Tipp geben, damit Ihre Schrift nicht wie die eines Kindergartenkindes aussieht: Nehmen Sie nicht die Schneide-

Der Stift klemmt zwischen den rechten Backenzähnen und ist lang, damit sich meine Augen nicht zu sehr verkrampfen.

zähne. Schieben Sie den Stift zwischen die Backenzähne, sodass er nicht hin und her wackelt. Erst wenn er fest sitzt, legen Sie los! Ich war und bin hierbei »Rechtshänder«, nehme also die rechten Backenzähne. Mit der linken Seite klappt's nicht!

Da ein normaler Nacken jedoch nicht für diese doch recht akrobatischen Übungen gebaut ist, meldet er sich nach gewisser Zeit schmerzhaft zu Wort. Dann muss ich aufhören, entspannen und abwarten. Später habe ich dann zumindest zu Hause mehr und mehr mit dem PC gearbeitet und meine Abiturklausuren diktiert. Ein spezielles Diktierprogramm habe ich bekommen und diesem dann meinen Sprachstil beigebracht.

Obwohl klar war, dass ich die Klausuren nicht anders würde schreiben können, gab es heftigen Widerstand gegen meine moderne Lösungsidee. Meine damalige Englischlehrerin und Abiturbeauftragte der Schule hat sich ziemlich quergestellt. »Das ist eine Bevorzugung, das können wir nicht zulassen!« Ich war niedergeschlagen. Wie sollte ich denn bitteschön sonst eine sechsstündige Klausur bewältigen? Mein Nacken würde das sicher nicht mitmachen. Und wieso überhaupt Bevorzugung? Das war ein Nachteilsausgleich. Sie kommunizierte dann gar nicht mehr mit mir. Doch da kannte sie meine Mutter nicht. Kurzerhand rief die direkt bei der Schulbehörde in Arnsberg an und bekam grünes Licht.

Kunst und Musik spielen an Waldorfschulen eine wichtige Rolle und so habe auch ich in der Schule musiziert. Erst Harfe, dann Leier und Blockflöte, Glockenspiel und zum Schluss Waldhorn – ich war ein musikalischer Musterschüler. Harfe und Leier habe ich mit einem Stift gespielt, an dem unten ein

Gummipropfen montiert war und den ich mit dem Mund hielt. Sogar das sogenannte Leierabitur hab ich mit Bravour bestanden: Alle Tonleitern – auch die jeweiligen Zwischentöne – auf Abruf spielen. In die Flöte habe ich nur reingeblasen und mir derweil die Finger meiner Assistenzkraft geliehen, die hinter mir saß und plötzlich genau aufpassen musste, damit wir keinen Fehler machten. Flöte spielen fand ich toll, alle falschen Töne gingen nämlich nicht auf meine Kappe!

Im Schulorchester spielte ich dann Glockenspiel, stellte jedoch fest, dass es dem Kopf nicht gerade gut tut, immer den Schlägel mit dem Mund auf die Klangstäbe zu hauen. Außerdem konnte ich nicht gleichzeitig spielen und Noten lesen, also musste ich die Noten immer erst auswendig lernen. Das war mir zu lästig. Also kam ich auf das Waldhorn. Ein sehr schönes Instrument, wie ich fand, mit einem tollen Klang – und nicht so trötend und Mainstream wie die Trompete. Damit ich das Horn spielen konnte, montierten wir es auf einen Ständer und bogen das erste Stück so, dass ich mit meinem Arm die Ventile erreichen konnte. Um auch zwei gleichzeitig drücken zu können, wurden sie ganz eng nebeneinander montiert, und für den Gabelgriff hatte ich eine extra Brückentaste. Horn spielen machte mir lange viel Spaß – auch weil wir oft coole Filmmusik spielten: Käpt'n Jack Sparrow war ebenso dabei wie James Bond, das fetzte richtig auf der Bühne und ließ das Publikum toben!

Auch bildende Kunst spielte eine große Rolle, sehr zu meinem Leidwesen, denn ich fühlte mich zunehmend unbegabt. Frü-

her habe ich gerne und viel gemalt – hatte sogar eine regelmä-
ßige Malstunde, bei unserer begabten Nachbarin, die ich jeden
Donnerstag besuchen durfte. Als ich merkte, damit auch Geld
verdienen zu können, malte ich umso begeisterter, was das
Zeug hielt. Die kleinen Bildchen verkaufte ich – schön in Holz-
rahmen eingerahmt – in meiner Schule. Später wurde mir das
zunehmend peinlich und ich widmete mich anderen Dingen.
Trotzdem hatten wir viel sogenannten »Kunst-Unterricht«, in
dem gezeichnet und nach Anweisung gemalt werden sollte.
Den Abschluss machte eine große Aufgabe: Wir sollten das
Bild eines berühmten Malers nachmalen – so perfekt und genau wie möglich. Ich entschied mich für Henri Rousseau und
sein Werk »Die Stuhlfabrik«, denn einerseits sah das Bild für
mich machbar aus, andererseits mochte ich seine idealisierte
Darstellung der Realität. So besorgte ich mir eine Staffelei, eine
Leinwand, Farbe und verschiedene Pinsel und begann zu ma-
len. Zum vorerst letzten Mal machte es mir sogar ein wenig
Spaß, denn zumindest ich erkannte doch eine gewisse Ähn-
lichkeit zwischen den Werken.

Während meiner Schulzeit spielte ich auch bei diversen
Theateraufführungen mit. Meinen Rollstuhl verkleideten wir
dabei fantasievoll, sodass er Teil der Inszenierung wurde. Ich
liebte das Schauspiel, mich in andere Welten zu träumen und
ein ganz anderer zu sein. Janis blieb draußen, hier war ich der
König oder ein fliegender Spiegel, Arme hin oder her. Und ich
lernte viel über mich selbst und über andere. Ich wuchs an den
Herausforderungen und auch wenn ich mich mit Händen und
Füßen gewehrt hatte, alleine auf der Bühne vor 500 Leuten

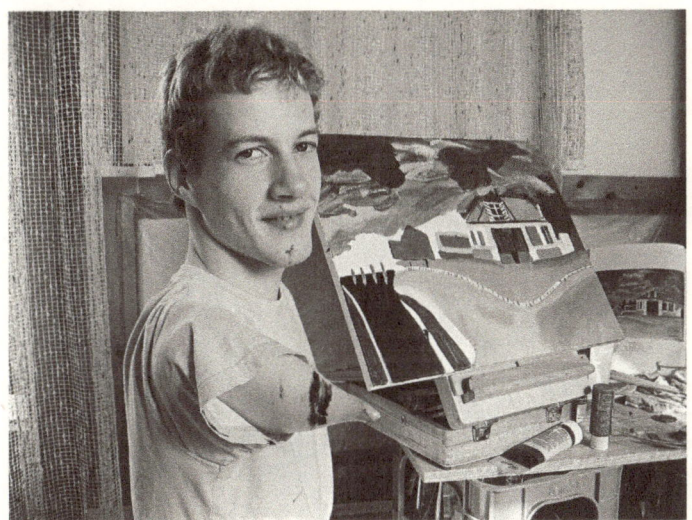

Ein Teil der Farbe hat nicht die Leinwand getroffen, sondern mich: Für mein letztes Werk habe ich mir dann doch noch mal Mühe gegeben.

Bei der Filmmusik von James Bond, in der zehnten Klasse, hatte ich viel Spaß. Das hat gefetzt!

Bis heute initiiere ich neue Projekte, möchte Dinge gestalten. Dafür braucht es keine Gliedmaßen, sondern viele Stifte und Papier – wie schon früher bei unserer Schülerratssitzung.

singen zu müssen, so bin ich heute stolz darauf, es gewagt zu haben. Wer kann das schon von sich behaupten?

Schule der Persönlichkeit

Man kann über die Waldorfschule sagen und denken, was man will. Ich bin froh, genau diese Bildung genossen und all die unterschiedlichen Dinge gelernt zu haben. Gerade in unserer heutigen Zeit habe ich schnell den Wert dessen erfahren, wie wichtig es ist, in der Schule zur Persönlichkeit zu werden, zu einem Menschen mit sozialer und emotionaler Intelligenz, mit Verantwortungsbewusstsein. Ich bin froh, nicht auf eine Sonderschule exkludiert worden zu sein, das war der Grundstein für mein gesamtes Leben und hat unsere Schule und unsere Klasse oft menschlicher gemacht. Auch Kinder mit sogenannten Behinderungen können dazu beitragen, können helfen und von anderen Hilfe bekommen, denn jedes Kind hat Fähigkeiten, die darauf warten, entdeckt zu werden!

Und auch beim Sport war ich immer mit dabei, habe alle Übungen so gut es eben ging mitgemacht. Bald schon hatte ich das Balancieren auf einem schmalen Balken perfektioniert, da wurde ich übermütig. Würde ich diese Art Kopfstand auch auf dem Balken hinbekommen? Eigentlich war es eher ein »Schulterstand« als ein Kopfstand. Bei einer Zirkusaufführung probierte ich meinen Kopfstand direkt aus. Die Aufmerksamkeit war ganz bei mir. Und der Schrecken auch, als ich am Ende der Performance heruntersprang und mich verbeugte.

Bereits ab der ersten Klasse hatte ich immer einen besten Freund oder eine beste Freundin um mich herum. Aber ich wollte Teil einer Gruppe sein. Irgendwann in der frühen Schulzeit habe ich deshalb einen »Kinderclub« gegründet. Mit dieser Truppe habe ich so einiges auf die Beine gestellt.

Bis heute bringe ich immer wieder Ideen auf den Tisch, initiiere Themen, treibe etwas voran. Dazu braucht es keinen Körper mit Extremitäten. Was es braucht, ist ein Ich, Mut und die Gewissheit, dass es noch viele gute Nachspeisen gibt, die darauf warten, von mir entdeckt zu werden.

Dann mache ich es eben selbst

Ich bin überzeugt, alle Menschen und alles Fortkommen sind von einem inneren Drang gesteuert. Wichtig sind dabei Ziele und ein fester Wille. Manchmal ist das Ziel unklar, oder es ist ungewiss, ob man dort, wo man hinmöchte, auch ankommt. Manchmal bricht man dann einfach auf, ohne zu wissen, wo genau es nun hingehen soll. Für mich waren zeitlebens das Ziel, unabhängig zu sein, sowie der Wille, dieses Ziel so weit wie möglich zu erreichen, am wichtigsten. Das gab von Anfang an die Fahrtrichtung vor.

Allerdings ist es nicht immer leicht, ihr zu folgen. Erstens sind Menschen bei meinem Anblick häufig schon reflexhaft bestrebt, mich zu unterstützen. Zweitens – und dabei denke ich jetzt an meine Kindheit – erwarten die meisten entweder zu viel oder zu wenig von mir. Meine Eltern taten immer so, als sei ich gar nicht behindert. »Mach doch selbst«, war das Motto, wenn ich etwas verlangte. Das hat mich vorangebracht, war aber oft anstrengend und unbequem. Andere Menschen wiederum haben mir gar nichts zugetraut und taten erst einmal so, als ginge eine körperliche Einschränkung auch unbedingt mit einer geistigen einher. Es schien also erforderlich, besonders laut und deutlich mit mir zu sprechen oder verschreckt zur Seite zu springen, wenn ich die Fußgängerzone entlanggerollt kam. Schließlich gab und gibt es auch noch diejenigen, die viel zu sehr mit ihren eigenen Fantasien, Vorstellungen und Ängsten beschäftigt sind, als dass sie überhaupt dazu kommen, sich ein realistisches Bild von mir und der Situation zu machen. Manchmal, das weiß ich aus Gesprächen, geht beim ersten Anblick ein ziemliches Kopfkino beim Gegenüber los. Kein neuer Superhelden-Film, in dem der Hauptdarsteller mit ungeahnten, überraschenden Fähigkeiten die Welt – und natürlich den amerikanischen Präsidenten – rettet, wird gezeigt. Nein, da läuft ein Film über jemand ganz Elenden mit ungeahnten Unfähigkeiten, der an seinen öden Rollstuhl gefesselt ist und ansonsten rein gar nichts zustande bringt. Solange dieser innere Film läuft, mache ich den Mund erst gar nicht auf oder rede nur banales Zeug. Dabei würde ich oft gerne den Regisseur spielen, laut rufen und in das Filmgeschehen eingreifen, von vorne drehen lassen. Glücklicherweise bin ich nicht an den Rollstuhl gefesselt und habe eine ausreichend große Klappe, die meine fehlenden Arme und Beine locker ausgleicht. In den ersten Sekunden des Kennenlernens funktioniert die aber oft noch nicht, da muss ich mich etwas zurücknehmen.

Wenn man nicht an sich arbeitet, sondern verharrt, hat man in der Welt der Füßler und Ärmler schon verloren. Ihre Rituale, Bewegungen und Selbstverständlichkeiten sind mir fremd. Oft finde ich sie auch seltsam, wenn ich beispielsweise meinem Bruder zuschaue, wie er sich die Fingernägel schneidet, oder wenn ich sehe, wie umständlich es ist, mit Besteck Spaghetti zu essen – wie viel leichter habe ich es doch, ich zertrenne die Nudeln einfach mit den Lippen! Mit den Zähnen allein ist es schwierig, habe ich bemerkt, aber mit den Lippen geht's meist ganz einfach – allerdings nur, wenn die Spaghetti nicht al dente sind.

Leben ohne Selbstblockaden

Würde ich mich nicht abgrenzen, sondern all mein Bewegen und Streben den Ängsten, Vorstellungen und Fantasien anderer Menschen – den Füßlern und Ärmlern – anpassen, dann würde ich mich in eine Welt zwängen, die mir nicht passt – wie in eine zu kleine Jacke. Früher war genau das mein Anspruch, ich wollte mich genauso bewegen und verhalten wie die Menschen mit Armen und Beinen. Und ich verzichtete gerne mal auf die Besichtigung eines Gebäudes, wenn ich selbst hätte laufen müssen, oder ließ so manches Hilfsmittel links liegen. Was für eine Selbstblockade! Eng anliegende Jacken hin oder her, halten wir's doch lieber umgekehrt. Zurück zur eigenen Kraft und zum eigenen Willen, die ich habe und brauche, damit aus meinem Leben *mein* Leben wird und mich nicht jemand samt Rollstuhl in eine Richtung schiebt, in die ich gar nicht will.

Ich möchte damit aber nicht sagen, dass mein Leben das reinste Zuckerschlecken ist. Es ist nun mal nicht immer leicht ohne Arme und Beine. Und auch mein Leben stagniert, auch ich habe Rückschläge, Verluste, Pannen zu verkraften. Meine Marmeladenbrote fallen, wenn sie fallen, immer auf die Marmeladenseite, wie bei anderen auch. Und da man sich selbst der größte Kritiker ist, können Sie sich vorstellen, wie ich mich dabei fühle. Was sich in solchen Momenten als unglaublich hilfreich erweist, ist die Erinnerung an meine frühen Erfolge. Damit gelingt es mir auch, meinen zukünftigen Weg einzuschlagen und zu gestalten. Natürlich sind die Erfolge im Kindesalter nicht mit Top-Karriereerfolgen oder lukrativen Börsengängen zu vergleichen. Aber sie fühlen sich genauso an! Zumindest in diesem Augenblick und auch danach, wenn man sich gerührt an die Besteigung eines persönlichen Mount Everest erinnert.

Schoko-Challenge

Meine persönliche Bezwingung des höchsten Berges der Welt erlebte ich etwa im Alter von acht oder neun Jahren. Das Basislager: mitten in meinem Kinderzimmer, zwischen ordentlich aufgereihten Spielzeugautos und Kuscheltieren. Ich sehe mich noch heute, wie ich dort an meinem Schreibtisch saß. Wie andere Kinder auch, war ich für Hausaufgaben nicht wirklich zu begeistern. Ich bummelte also vor mich hin, blätterte im Buch vor und wieder zurück, kritzelte mit dem Mund irgendwelche Männchen in mein Heft und zog Grimassen. Es war so langweilig! Ich hatte überhaupt keine Lust auf diesen blöden Schulkram. Und in dieser Langeweile stellte ich mir vor, dass es äußerst erfrischend, ermutigend und hilfreich wäre, jetzt ein bisschen Schokolade zu verdrücken. Kommt Ihnen das jetzt banal vor? Dann biete ich Ihnen mal einen Tag in meinem Rollstuhl an und gebe Ihnen zwei Eltern an die Seite, die das gesunde Leben ausriefen. Schokoladenriegel? Nie im Leben, pures Gift, das höchstens in winzig kleinen Dosen verabreicht

werden darf. Schokolade war bei uns absolute Mangelware –
und damit so heiß begehrt wie die illegalste Droge. Der Ge-
sundheitstrip meiner Eltern, gekoppelt an den berechtigten,
aber nicht willkommenen Gedanken, uns Kinder möglichst
ohne Zucker, dafür aber mit umso mehr wertvollen Lebensmitteln zu ernähren, stieß frontal mit meinem unbedingten
Willen zusammen, mich auf keinen Fall einschränken zu lassen. Nicht von meinem Körper, nicht von meinen Eltern und
nicht von irgendwelchen anderen Menschen. Schokolade nur
an Geburtstagen oder irgendwelchen Feiertagen, das war mir
damals definitiv zu wenig. Außerdem bringt das ja nichts,
wenn man einem Kind sagt »Sonntag gibt es wieder einen Rie-
gel!«, wenn das Kind JETZT Schokolade essen will. So wie ich
JETZT. Dieser Wunsch, verbunden mit dem dazugehörigen
Ärger, gab mir eine Antriebskraft, die sich bis heute auswirkt
und die mir zeigt: Es ist wirklich viel zu schaffen, wenn man
es nur schaffen will! Ich habe mir damals vorgestellt, wie es
wäre, wenn ich selbst in der Lage wäre, mir Schokolade zu
kaufen. Es ist so blöd, dass ich das nicht kann, dachte ich mir
und geriet ins Grübeln. Die Deutschaufgabe war längst vergessen, jetzt mussten wichtigere Themen reflektiert werden!
Eine zunächst leise Stimme in mir wurde immer lauter und
stellte schließlich unüberhörbar die Frage: »Wieso eigentlich
nicht? Wer sagt denn, dass ich nicht selbstständig genug bin?
Vielleicht geht es ja doch? Ich muss es erst einmal probieren!«
Sofort war ich furchtbar aufgeregt. Alle meine Zellen vibrier-
ten bei dem Gedanken, dass ich es vielleicht eigenständig be-
werkstelligen konnte. Mein Herz begann zu pochen, ja regel-

recht zu rasen, und dass ich nach wie vor ganz still vor meinem Schreibtisch saß und mich keinen Zentimeter bewegt hatte, war eine rein äußerliche Sache. Innerlich lief ich gerade einen Sprint in Weltrekordtempo. Ein Gedanke trieb mich vorwärts, von dem ich noch nicht wusste, ob und wie ich ihn in die Tat umsetzen könnte. Bislang hatte ich noch nie heimlich so ein »Ding gedreht«. Ich hatte auch keine Ahnung, wie das funktionieren sollte. Es gab ja auch nicht so etwas wie einen größeren Bruder, der so war wie ich und der mir hätte Beispiel geben können: »Auch ohne Arme und Beine kannst du dir die Welt erobern. Fangen wir heute mal mit der Schokolade an, ich zeig dir, wie das geht.« Was soll's, die Schokolade rief mich, also go for it! Und in meinem Kopf nahm der Plan langsam Gestalt an – das war schon eine Sensation.

Erst einmal musste ich dafür vor die Tür. Meinen Eltern erzählte ich irgendein Märchen, vermutlich schob ich einen Schulfreund vor. Sie hätten mich auf keinen Fall für eine Süßigkeiten-Shoppingtour losziehen lassen. Mein Rollstuhl scharrte schon mit den Hufen. Ich hatte damals noch ein ganz lustiges Exemplar, so eine Art Mini-Bagger. Mithilfe eines Zahnrads konnte der Sitz ähnlich einer Baggerschaufel nach vorne gehoben werden, sodass er bis auf den Boden kam und ich selbstständig ein- und aussteigen konnte. In dieser Schaufel-unten-Position wartete der Rollstuhl bei uns vor der Haustüre. Ich stieg ein, hievte den Sitz hoch und fuhr einfach los. Die erste Hälfte war mein Schulweg – also bekanntes Terrain – und damit ganz easy zu fahren. Danach wurde es abenteuerlich, ich eroberte terra incognita – neues, für mich unbekanntes Gebiet. Ich kannte den Supermarkt zwar von außen, weil wir ihn auf unseren Autofahrten oft passierten. Doch von innen hatte ich diesen Markt noch nie gesehen – er war also ein weißer Fleck auf meiner stetig wachsenden Landkarte. Noch nie zuvor war ich alleine so weit gerollt, mit einem verbotenen Ziel vor Augen – verboten, weil dieser Supermarkt für meine Eltern zu viel Kommerz bot und sie uns deshalb davon fernhielten. Von Minute zu Minute wurde ich aufgeregter, gab mich aber betont cool, als wäre alles völlig normal, oder, wenn schon nicht ganz normal und alltäglich, zumindest null Problem. Ich rollte zwischen den Menschen durch, fing ihre Blicke auf und las ihre Gedanken: »Was macht der Junge hier alleine? Hat der seine Eltern verloren? Muss ich etwas machen? Jemanden informieren? Ist das nicht gefährlich, was der macht?« Ich aber rollte immer weiter schnurgeradeaus, auf den Lippen ein fröhliches Liedchen. Nur nicht nach rechts und links schauen und bloß niemanden merken lassen, dass ich vor Aufregung gleich einen Kreislaufkollaps kriege. Ich allein unter Fremden! Das war echt mal ganz was Neues.

Beherzt fuhr ich schließlich ins verbotene Land hinein. Die Supermarkttüren öffneten sich automatisch, die Schranken schwangen zur Seite – majestätisch rollte ich hindurch. Was für ein Empfang! Was für eine Freiheit! Nichts musste ich selbst machen, niemanden fragen, konnte einfach geradeaus fahren, mitten durch die vielen fremden Beinpaare. Echt toll, echt berauschend – aber nicht nur, das muss ich schon zugeben. Ich habe mich durchaus fremd dort gefühlt, war sehr aufgeregt, wusste auch nicht so recht, wie man sich in so einem Supermarkt verhalten musste. Jetzt bloß nicht die Orientierung verlieren, redete ich mir selbst ein, denn es wäre für mich das Letzte gewesen, jemanden ansprechen und fragen zu müssen.

Um Hilfe bitten – was sonst?

Mit schlafwandlerischer Sicherheit orteten meine Sensoren die Süßigkeitenabteilung und mittendrin das Schokoladenregal. Ich tat ein wenig wählerisch, weil ich mich auch informieren wollte, fand aber ziemlich schnell, was ich hier suchte. Da war sie … meine heißgeliebte weiße Schokolade mit Vollnuss. Dummerweise winkte die mir ausgerechnet aus den oberen Reihen zu. Künstlerpech. »Wir wissen, was du willst. Du kannst es aber leider nicht haben«, spotteten die dicken Keksrollen, und ein paar saure Drops verzogen amüsiert den zitronigen Mund. Sollte ich mich schokoladentechnisch umorientieren? Nein, auf keinen Fall. Einen anderen Kunden um Hilfe bitten? Möglich, aber nicht den erstbesten, diese Entscheidung muss wohlüberlegt sein. Ich streifte durch die Gänge, tat so, als ob ich etwas suchte, betrachtete höchst interessiert die Regale – und beobachtete dabei meine Mitmenschen, versuchte, aus ihren Bewegungen auf ihre Stimmung zu schließen.

Menschen sind sehr unterschiedlich: Manche sind gehetzt, rennen durch die Welt, ihre Bewegungen sind schnell und kantig. Die müssen gestresst sein! Andere sind verträumt, ihre Bewegungen sind langsam, oft etwas unkoordiniert. Sie wirken, als nähmen sie die Welt durch eine rosa Brille wahr oder als wären sie in ihrer ganz eigenen, schöneren Welt, vielleicht gar im Paradies? Wieder andere sind zielstrebig, aber die Ruhe selbst, sie wirken gelassen, nichts scheint sie aus der Bahn bringen zu können. Manche Menschen tragen ein Lächeln im Gesicht oder ein leichtes Schmunzeln. Ihnen scheint der Einkauf Spaß zu machen. Andere müssen nur schnell noch Tomaten kaufen für zu Hause, wo das Essen schon köchelt. Wieder andere scheinen nicht zu wissen, wie es geht, zu lächeln, ihre Mundwinkel scheinen von zentnerschweren Gewichten nach unten gezogen.

Nach einiger Zeit kam ein junger Mann vorbei, der mir als Kandidat für mein Vorhaben geeignet erschien. Mit einem freundlichen Lächeln rollte ich auf ihn zu: »Entschuldigung, dürfte ich Sie kurz um Hilfe bitten?« Sofort erwiderte er mein Lächeln. Das tat gut. Ich wusste, meine Wahl war die richtige. »Ich habe solche Lust auf die weiße Vollnuss-Schokolade, doch, wie es aussieht, ist sie vor mir ins oberste Regalfach geflüchtet«, fuhr ich fort und erntete ein noch breiteres Lächeln.

Also tatsächlich alles null Problem. Es ging sogar viel einfacher, als ich dachte. Der junge Mann griff ins Regal und legte mir die Schokolade in den Rollstuhl. Danach habe ich mich gefragt, warum ich eigentlich so aufgeregt gewesen war. Manchmal wird man von Gespenstern terrorisiert.

Ich freute mich diebisch. Endlich hatte ich bekommen, was ich wollte, ohne dass ich einen Kompromiss hatte eingehen müssen. Stolz fuhr ich zur Kasse und legte meine Schokolade auf das Band. »55 Cent, bitte«, sagte die Kassiererin. Ihre Verunsicherung bei meinem Anblick war ihrem Gesichtsausdruck deutlich zu entnehmen. Auch ich war verunsichert: Würde der Plan, den ich mir vorher überlegt hatte, funktionieren? Sollte ich es wirklich so machen? Ich zögerte eine Sekunde, die Anspannung stieg in mir hoch, eine Hitzewelle schlug über mir zusammen. Doch jetzt gab' es kein zurück. Ich holte tief Luft und sagte:

»Das Geld liegt hier unter meinem Fell!«

Zunächst zuckte es etwas nervös in ihrem Gesicht, dann aber verstand sie und kicherte los: »Ach so, du meinst das Fell in deinem Rollstuhl? Soll ich da einfach mal drunter greifen? Ich hatte erst was anderes gedacht ...«, und sie hörte gar nicht mehr auf zu kichern, wohl zum Teil aus Unsicherheit. Auch mir war die Situation unangenehm, sie war ja schließlich ganz neu für mich, aber da musste ich jetzt durch. Der Sitz meines Rollstuhls bestand damals nur aus einer harten, kalten Metallplatte, weswegen ein weißes Schaffell darauf lag, auf dem ich gemütlich und weich thronen konnte. Meine Münzen hatte ich unter diesem Fell deponiert. Ich besaß kein Portemonnaie, und in die Hosentaschen wollte ich mir nicht greifen lassen – also hatte ich diese Lösung gefunden.

Die kichernde Kassiererin griff schließlich zu, bekam ihr Geld, gab mir mein Wechselgeld zurück – und am Ende waren wir beide heilfroh, diese Situation unfallfrei überstanden zu haben.

Stolz fuhr ich nach Hause. Ich fühlte mich wie ein König, weil ich es geschafft hatte, mir selbstständig einen großen Wunsch zu erfüllen, so wie das meine Mitschüler auch konnten. Ich rutschte mit diesem Kauf weiter auf, in Richtung

Ein dickes, weiches Schaffell polsterte meinen Rollstuhl. Das war sehr gemütlich und sah auch noch königlich aus.

Augenhöhe mit den anderen. Der Schokoladenkauf öffnete mir die Tür in ein neues, selbstbestimmtes Reich. Das Reich mit dem Namen »Alles ist möglich, auch für dich – wenn man dich nur lässt.« Ich erkannte damals, dass ich ein ICH bin, das eigene Wünsche hat, von denen manche nicht verhandelbar sind. Diese Erkenntnis ist besonders spektakulär, wenn man permanent auf andere Menschen angewiesen ist und nicht immer »Bittebitte« sagen will. Die Welt ist für mich eine einzige große Barriere. Also brauche ich Mut und Kraft, mir auf diesem holprigen Kopfsteinpflaster meinen eigenen Weg zu bahnen, ohne ständig durchgerüttelt zu werden oder umzufallen. Die Schokoladenerfahrung war ein Schlüsselerlebnis, das mich in meine Zukunft trug. Es hat einmal geklappt. Es wird wieder klappen. Immer wieder kann ich – im übertragenen Sinn – Schokolade essen, wenn ich will.

Erwischt wurde ich übrigens nicht – nicht beim ersten Mal und bei den darauffolgenden Süßigkeiten-Expeditionen auch nicht. Ich habe das nämlich nach dem ersten Erfolg häufig wiederholt. Sehr zum Leidwesen meiner Eltern, die irgendwann natürlich von meinen ungesunden Gelüsten und ihrer verbotenen Befriedigung erfuhren. Eines Tages eröffnete auf unserem Schulweg, an der Straßenecke, ein Kiosk. Einfach nur Schokolade wurde daraufhin schnell zu popelig. Es gab so viele andere schöne bunte Süßigkeiten, eine süßer und verführerischer als die andere. Da uns unser Schulweg jeden Tag daran vorbeiführte, wurde die Hemmschwelle, etwas Verbotenes zu tun, immer niedriger. Bald waren meine Schwestern überzeugt davon, dass es Sinn machte, mit mir gemeinsam zur

Schule zu gehen. Ich hatte das Geld und sie die Beine, um die Eingangsstufe zu überwinden – eine echte Win-Win-Situation. Was für eine Wonne, wenn ich meine gemischte Tüte für einen Euro, prall gefüllt mit süßer Verheißung, in der Hand hielt!

Was wir nicht bedacht hatten, war, dass sowohl unser Haus als auch der Kiosk an der Hauptverkehrsstraße lagen und nicht nur wir jeden Morgen zur Schule gingen, sondern auch die Lehrer dorthin unterwegs waren. So kam es, dass unsere Eltern bald Bescheid wussten.

Natürlich gab es zu Hause einen Riesenärger. Meine Geschwister zogen sich eingeschüchtert aus dem »Schoko-Geschäft« zurück. Ich aber machte weiter. So schnell würde ich mir meine neue Freiheit nicht wieder nehmen lassen, ha! Freiheit und Unabhängigkeit waren meine erklärten Ziele, von denen mich nicht einmal meine Eltern abbringen konnten.

Statt Buße zu tun und, wie mir befohlen wurde, über den »Unsinn« nachzudenken, überlegte ich mir lieber eine neue Strategie. Süßigkeiten wollte ich, Stress mit meinen Eltern nicht. Ich wählte meine Schwester als Komplizin, die sich schnell überreden ließ. Bereits am nächsten Morgen lief alles wie gehabt: Wir gingen zu Hause los und unterhielten uns fröhlich. Wir gaben das Theaterstück »Brave, nette, liebe Geschwister auf dem gemeinsamen Schulweg«. Eine reizende Gruppe reinster Engelchen, die nie im Leben irgendeinen Unfug anstellen würden. Kurz vor dem Kiosk verlangsamte sich unser Gang. In einem kurzen Augenblick, in dem kein Auto zu sehen war, rannte meine Schwester los. Schnell verschwand sie im Dunkel des Kiosks, während ich weiterrollte, als sei nichts gewesen. An der Ampel holte sie mich wieder ein und steckte mir verstohlen eine weiße Tüte zu. Ich war erleichtert, meine Schwester ebenso, und meine Eltern freuten sich – zumindest einige Zeit lang – dass ihre Erziehung so gute Ergebnisse zeigte.

Keine Arme, aber starke Ellenbogen

Dass etwas nicht geht, nur weil ich keine Arme und Beine habe, ließen weder mein Vater noch meine Mutter jemals gelten. Stattdessen suchten wir gemeinsam nach Lösungen, wenn ich mal wieder Sehnsüchte hatte. Ich kam selten in die Situation, darüber traurig zu sein, dass meine Freunde Dinge taten, die ich nicht tun konnte. Denn bevor ich mir dessen hätte bewusst werden können, hatten meine Eltern schon eine Idee. Das brachte mich dazu, mich durchzusetzen und für meine Wünsche und Ziele zu kämpfen; andere davon zu überzeugen, dass ich nicht alleine auf dem Sofa sitzen wollte, wenn meine Freunde einen Ausflug planten. Meine Eltern hätten ja auch das Gegenteil machen können. Sie hätten mich von vorne bis hinten betütteln und in Watte packen können. Aber genau das taten sie zum Glück nicht, sondern haben mir so wenig wie möglich geholfen. Auf den ersten Blick mag sich das hart anhören, wenn meine Eltern mir, wenn ich um ein Glas Wasser bat, antworteten: »Dann trink halt« – und mir ein Glas ohne Strohhalm vor die Nase setzten. Natürlich habe ich mich manchmal geärgert, verstand nicht, warum sie das taten. Doch mittlerweile weiß ich, dass genau dieses Verhalten das Beste war, was mir meine Eltern mit auf den Weg geben konnten. Dieses grenzenlose Denken und Handeln begleitet mich in dieser Form bis heute, es ist mir geradezu in Fleisch und Blut übergegangen. Ich kann mir gar nichts anderes vorstellen. Finde es spannend, immer neue Dinge auszutesten, meine Selbstständigkeit ins Extrem zu steigern. Routinen werden schnell langweilig, dann muss die nächste Herausforderung her. Jetzt, da ich selbstständig Auto fahren kann, halte ich schon Ausschau nach einem neuen Abenteuer: Paragliding oder ein Urlaub alleine würde mich faszinieren. Es darf für mich keine Grenzen geben, auch nicht die der Lüfte.

In der Opferrolle habe ich mich nie wohl gefühlt. Ich mochte mich nie selbst bemitleiden, weil ich schnell erkannte, dass mich Selbstmitleid nicht weiterbringt. Wenn ich mal wieder leicht verschlafen und melancholisch darüber sinnierte, wie schön es wäre, dies oder jenes zu tun, hätte ich das auch den ganzen Tag fortführen oder mich vor Gram über die ständigen Fragen, warum ich keine Arme und Beine habe, komplett zurückziehen können. Dadurch hätte sich aber nichts geändert. Dann doch lieber Flucht nach vorne! Ich stand also lieber auf und probierte aus, wie es war, Minigolf zu spielen oder ein eigenes Handy zu besitzen. Während sich Minigolf schnell als öde herausstellte (sobald ich wusste, dass es ging), fasziniert mich Technik immer noch bis heute. Daraus entwickelte sich ein Konfliktpunkt zwischen meinen Eltern und mir.

Für einen Jungen ohne Arme und Beine hatte ich immer eine ziemlich große Klappe. Auch dank meiner Eltern, die mich auf ihre besondere Weise fit für ein Leben gemacht haben, in dem man sich auch behaupten können muss. Sie verhalfen mir dazu, dass mir Ellenbogen im übertragenen Sinn gewachsen sind.

Tja, Papa und Mama, wer dafür sorgt, dass sich beim Filius Ellenbogen entwickeln, der muss auch früher oder später damit rechnen, sie mal selbst zu spüren. Zum Beispiel habe ich mir ab einem bestimmten Zeitpunkt all das gewünscht, was für andere Kids selbstverständlich war. Ich wollte auch fernsehen, Computerspiele spielen und irgendwann auch ein cooles Handy aus der Tasche ziehen. Aber diesbezüglich waren meine Eltern genauso wenig bereit, Kompromisse einzugehen, wie sie es bei meiner Erziehung zu maximaler Unabhängigkeit gewesen waren.

Kampf ums digitale Dabeisein

Ob Handy, Fernseher, Radio oder Computer, dieses »neumodische Zeugs« kam bei uns nicht ins Haus. Und wenn, dann nur in homöopathischen Dosen. Schließlich habe die Menschheit viele Tausend Jahre lang hervorragend ohne gelebt, war die Argumentationslinie, die mir von Mal zu Mal mehr aus den Ohren triefte. Während ich mir ausmalte, wie das Leben wohl Tausende Jahre vor unserer Zeit abgelaufen war, und meinen Eltern vorschlug, sich doch mal ein Leben ohne Auto und Waschmaschine vorzustellen, beharrten sie auf ihrer Position. Da biss die Maus keinen Faden ab! Doch ich war absolut nicht bereit aufzugeben. Auf dem Pausenhof gab es schon lange keine anderen Themen mehr als Handy, Fernseher und Computerspiele. Ich konnte nicht mitreden und fühlte mich mehr und mehr ausgegrenzt.

Plötzlich war ich nicht mehr der coole Janis mit dem coo-

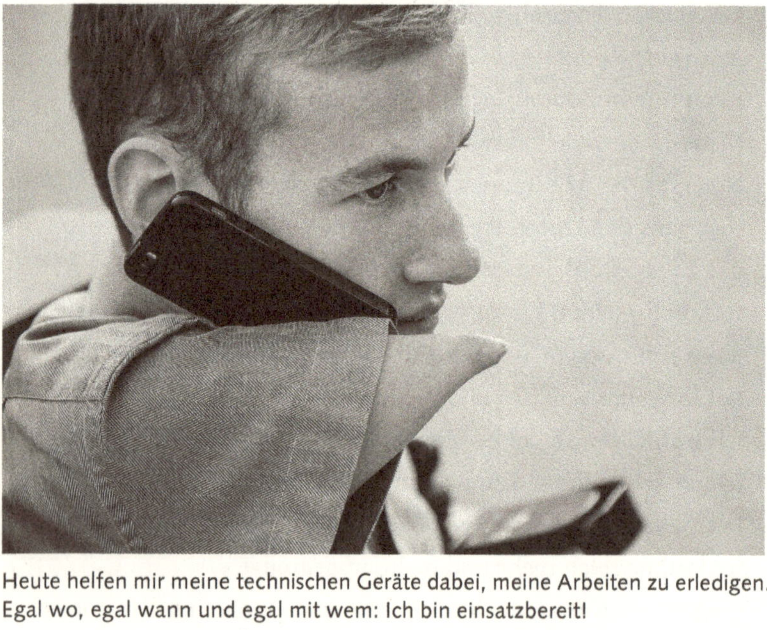

Heute helfen mir meine technischen Geräte dabei, meine Arbeiten zu erledigen.
Egal wo, egal wann und egal mit wem: Ich bin einsatzbereit!

len Hightech-Rollstuhl, sondern der Langweiler, den man aus-
lachte, weil er nicht wusste, was DSDS (Deutschland sucht den
Superstar) oder WoW (World of Warcraft) war. Nicht dass ich
wirklich glaubte, etwas Lebenswichtiges zu verpassen, wenn
ich diese Fernsehsendungen nicht sah oder solche Spiele nicht
spielte. Ich wollte nur einfach dazugehören, mitreden können,
nicht kleinlaut im Klassenzimmer sitzen bleiben.

Bei Verabredungen war ich sowieso außen vor, man konnte
mir keine SMS schicken – auf dem elterlichen Festnetz anzu-
rufen, um die nächste Party anzukündigen, war total tabu. Je
mehr ich mir meiner Lage bewusst wurde und verstand, dass
meine Eltern nicht verstanden oder es nicht verstehen wollten, desto mehr reifte in mir die Bereitschaft, Verbotenes zu
tun. Ich wusste, dass es mit dem Familienfrieden erst einmal
aus wäre, wenn ich aufflog. Aber ich wollte dazu gehören, um
jeden Preis.

Mit 15 Jahren hatte ich mir schließlich heimlich ein Prepaid-
Handy besorgt und es zusammen mit einem Gameboy – der
Dauerleihgabe eines Freundes – in meiner »Geheim-Schub-
lade« versteckt. Abends, wenn ich eigentlich schlafen sollte,
spielte ich noch eine Runde dieses aufregende Farmspiel, erntete Kartoffeln, molk Kühe oder verschickte auch ganz einfach noch ein paar SMS. Alles im stockdunklen Zimmer – mit
meinem kurzen rechten Arm, der vorne spitz zuläuft und sich
daher besonders dafür eignet, ganz viele Tasten und Knöpfe
zu drücken.

Ich blühte auf, konnte in der Gameboy-Welt Dinge tun, zu
denen ich im realen Leben nicht in der Lage war, ich fühlte

mich irgendwie zugehörig. Doch das reichte noch nicht. Ein Computer musste her – dass Fernsehen keinen sonderlichen Mehrwert bot, hatte ich mittlerweile begriffen. Doch vor dem Computer kam erst mal der Ärger. Das Handy wurde entdeckt, die Stimmen in unserem Haus schwollen zu immer größerer Lautstärke an und die Türen knallten im Sekundentakt. Die Kluft zwischen mir und meinen Eltern wurde immer tiefer. Wir entfernten uns stetig voneinander, ich verstand sie immer weniger, wollte keine Autoritäten in meinem Leben akzeptieren. Immer häufiger wäre ich am liebsten abgehauen, hätte mir gerne eine eigene Welt gesucht. Doch leider war ich abhängig von ihrer Hilfe. Spätestens wenn sich das eben getrunkene Wasser bemerkbar machte oder die Batterie meines Rollis versagte. Ich war enttäuscht, denn es war alles so ausweglos: Schrie ich sie an, brauchte aber kurz danach ihre Hilfe, so brachte mich das ständig in blöde Situationen. Was sollte ich bloß tun? Weniger auf meinen Positionen beharren und für mehr Harmonie sorgen? Immer den lieben, braven und verständnisvollen Janis spielen, um ihre Hilfsbereitschaft nicht zu verlieren? Nein, so war ich nicht gestrickt. Das wäre nicht ICH gewesen! Ich entschloss mich dazu, in Momenten des Streits höchst professionell und distanziert zu reagieren, und bestand sowohl auf meinen Positionen als auch auf der Hilfe. Das waren zwei verschiedene Geschichten und sie mussten strikt voneinander getrennt behandelt werden. Mutig diskutierte ich bis zum bitteren Ende und bekam den Computer dann nach vielen langen Kämpfen und Diskussionen schließlich doch noch – als ich 16 war.

Und erst einmal passierte genau das, was meine Eltern prophezeit hatten: Ich versank in endlosen Computerspielen, tage- und nächtelang – ich hatte ja einigen Nachholbedarf.

Mich mit nur ganz wenigen Hilfsmitteln aufwachsen zu lassen, war mit Sicherheit eine sehr kluge Entscheidung, die sehr viel Gutes bewirkt hat. Mir aber so lange Zeit technische Geräte weitgehend vorzuenthalten, das war weniger klug. Als ich sie dann endlich hatte, eröffnete sich mir eine neue Welt. Eine Welt unendlichen Wissens, verschiedener digitaler Netzwerke und spannender Computerspiele. Eine Welt, die niemals schläft und in der ich einfach grenzenlos ich sein konnte. Und ein Gutes hatte die Geschichte auf jeden Fall: Ich habe durch die starre Haltung meiner Eltern gelernt, zu diskutieren, mir Argumente zu überlegen, mich durchzusetzen.

Da ich oft und viel unterwegs bin – mal für ein paar Tage, mal über Monate hinweg –, bin ich froh, meine Arbeiten über PC, Tablet oder Smartphone erledigen zu können. Ob E-Mails, Telefonkonferenzen oder Personalgespräche mit Mitarbeitenden, alles geht überall! Auch die Arbeiten an diesem Buch haben in vielen verschiedenen Städten und unterschiedlichen Hotelzimmern stattgefunden. Mal waren diese groß wie ein Ballsaal und hübsch dekoriert, mal eng und dunkel. Mal saß ich in meinem eigenen und nach meinen Vorstellungen eingerichteten Arbeitszimmer, mal im Wohnzimmer von Freunden. Anders würde es gar nicht gehen. Mein Handy ist immer mit dabei – es ist super nützlich im Alltag und gibt mir das Gefühl von Sicherheit. Wenn ich beispielsweise in Berlin mit öffentlichen Verkehrsmitteln unterwegs bin, möchte ich es nicht mehr missen. Ich kontrolliere das Funktionieren der Aufzüge, plane meine Routen und disponiere um, wenn ich doch mal vor einem kaputten Lift stehe, der noch nicht online gemeldet wurde. Als ich eines Sommers einen mehrwöchigen Spanischkurs in Berlin-Charlottenburg besuchte, zu dem ich mit U-Bahn, Straßenbahn oder Bus fahren musste, hat mir mein Handy oft genug mein Image als immer überpünktlicher Schüler gerettet. Obwohl ich mir schon drei verschiedene Routen herausgesucht und auswendig gelernt hatte, stand ich doch immer mal wieder unverhofft in dunklen Tunneln oder auf Brücken und kam nur mit Hilfe meines Handys weiter.

In der Anonymität des Internets kann ich mich verstecken, kann mal einfach nur der nette Janis sein. Ich genieße es, dass hier keine Rücksicht auf mich genommen wird, weil ich »behindert« bin und ich auch keine nehmen muss – ähnlich wie im Auto auf der Straße, wenn die Leute nicht sehen, wer den Wagen steuert. Manchmal erlaube ich mir den Spaß und liefere mir kleine Rennen mit anderen Autofahrern, in denen wir uns gegenseitig anstacheln. Hier erlebe ich – wie im Internet – eine der wenigen Situationen, in denen ich tatsächlich vollkommen nicht-behindert bin. Steht der Porsche an der Ampel dann doch mal neben mir und schaut rüber, erlaube ich mir gerne mal einen kleinen Scherz: Ich lasse ganz cool das Lenkrad drehen und zeige meine fehlenden Arme. Das erzeugt in den meisten Fällen große, staunende Augen. Ich grinse dann breit in mich hinein und beobachte aus dem Augenwinkel, wie mein Nachbar fundamental an seinem Weltbild zweifelt. Toll, andere Menschen so schnell und einfach verblüffen zu können!

Mein ganzer Stolz

Kann man auf etwas stolz sein, das einem die Natur ganz einfach mitgegeben hat – als Geschenk sozusagen? Kann man auf seinen geraden Wuchs, die blonden Haare, mittelgroße Ohren oder blaue Augen stolz sein? Eigentlich nicht. Aber wenn man als Blonder, Gerader, Blauäugiger mit mittelgroßen Ohren im Land der Buckligen lebt, die alle schwarze Haare, grüne Augen und Elefantenohren haben, dann könnte man doch stolz werden, und zwar dann, wenn man es schafft, sich zu integrieren. Blödes Wort, ich mag es eigentlich nicht. Lieber sage ich, man kann stolz sein, wenn man in einer Welt zurechtkommt, die fremd und anders ist als man selbst. Die Welt der Fußgänger und Mit-Händen-Esser ist für mich anders. Sie ist mir nicht fremd, denn ich sehe seit meiner Geburt ja fast nichts anderes, aber sie ist … eben anders. Ich weiß nicht, wie es ist, sich mit den Händen am Kopf zu kratzen oder sich mit dem Zeigefingernagel etwas aus den Zähnen zu pulen. Ich weiß auch nicht, wie es sich anfühlt, jemandem mit den Fingern durch die Haare zu streichen, und wie es an den Füßen kitzelt, wenn man barfuß durchs Gras läuft. Wie ist das, wenn man einen Ball kickt und sich dabei den großen Zeh verstaucht? Wie fühlt sich Samt an, wenn man mit der Hand darüber streicht? Was für einen Schmerz spürt man, wenn ein Finger- oder Fußnagel eingerissen ist?

Erst nach und nach habe ich verstanden, dass Menschen anders sind als ich. Von da an habe ich Begegnung und Austausch mit »den anderen« gesucht und solche Dinge erfragt. Wenn Menschen sich begegnen, vergleichen sie sich oft automatisch miteinander. Wenn ich jemandem begegne, müssen wir schon in der Begrüßung zueinander finden, ganz ohne gegenseitigen Abgleich und ohne unsere offensichtliche Unterschiedlichkeit zum Thema zu machen. Wenn wir das nicht schaffen, kann es zu keiner Begegnung kommen.

Begrüßungen zwischen mir und anderen Menschen gestalten sich gar nicht so einfach, wenn sie über ein Kopfnicken hinausgehen. Was sollen sie tun? Meinen kleinen Armstumpf schütteln? Sich bücken, um mich zu küssen? Auf beide Wangen? Oder auf nur eine? Oder vielleicht besser doch nur nicken? Wie sehr muss man aufpassen, dass es nicht peinlich wird oder ich mich gekränkt zurückziehe?

Ich mag es, wenn man einfach auf mich zugeht und alles andere vergisst. Ich will nicht die Sorgenfalten auf der Stirn des anderen sehen, sondern wünsche mir, dass man mich so anspricht wie jeden anderen auch. Das bedeutet, ich muss verhindern, dass Menschen schon bei meiner Begrüßung ihr Kopfkino starten. Gut, wenn sie gar nicht erst dazu kommen, sich irgendwelche Bilder von mir zu machen. Zum Beispiel davon, wie ich mich abends entspanne. Füße hochlegen, eine Flasche Bier nehmen und den Kronkorken mit einem Feuerzeug springen lassen – das fällt bei mir wohl eher flach. Ich kann es ganz deutlich vor mir sehen, wie auch Sie versuchen, sich davon ein Bild zu machen.

Ein Schnappschuss auf den Straßen Berlins. Darf man das? Auf seinen Körper stolz sein? Ich bin zufrieden, wie er ist.

Menschen wie ich erleben sozusagen »ganz automatisch« viel Außergewöhnliches. Wie aber sehen die ganz praktischen Alltäglichkeiten aus? Meine Freundin Katharina beobachtet mich immer ganz genau. Sie und ich haben uns bei einem meiner Gleichstellungsprojekte kennengelernt. Sie ist schon etwas älter als ich und fragt mich wahrscheinlich deswegen einige Dinge, die zu fragen Gleichaltrige sich vielleicht nicht trauen.

»Kannst du mir helfen, die Geschirrspülmaschine auszuräumen, oder kannst du es nicht?«, wollte sie bei ihrem letzten Besuch schon fast angesäuert wissen. Mein Körper bietet mir großartige Möglichkeiten, mich vor allem zu drücken, was keinen Spaß macht. Man kann so einen Körper ausnutzen und mit ihm spielen wie auf einem Klavier mit bunten Tasten. Ich tue das nicht, sondern versuche immer, ganz authentisch zu sein. Zu meinem eigenen Vergnügen – und offensichtlich gelingt es mir, denn immer häufiger kommt es vor, dass Freunde und andere Menschen um mich herum meine fehlenden Arme und Beine ganz einfach vergessen.

»Wieso hältst du so weit von der Zapfsäule entfernt?« – »Weil ich sonst meinen Rollstuhl nicht aus dem Auto rangieren kann.«

»Hey, wir wollten doch hier reingehen, warum gehst du weiter?« – »Weil ich erstens gar nicht gehe und zweitens die Stufe hier so hoch ist, dass nicht mal fünf Schwerathleten mich und meinen Rollstuhl in die Kneipe hieven könnten.«

Wir lachen miteinander, wir gehen aus. Wir chillen auf dem Sofa, hören Musik und grinsen uns an. Und dann fragt mich jemand: »Ich hol mir was aus der Küche, hältst du mal schnell mein Glas?« Wenn es draußen kalt ist, will sich jemand ein paar Handschuhe von mir ausborgen, oder ein Freund bittet mich um ein paar Socken. Das sind für mich die schönsten Momente, denn dann weiß ich, es ist mir gelungen. Ich habe mich integriert und meine Behinderung ist unsichtbar geworden. Ich bin verschieden von den anderen, aber ich falle nicht mehr als »unterschiedlich« auf. Ich gehöre dazu. Und so, wie ich immer wieder vergesse, dass Katharina ohne Lesebrille blind wie ein Maulwurf ist, vergisst sie, dass ich keine Hausschuhe brauche. Bei solchen Gelegenheiten lachen wir laut miteinander und sind uns im Herzen nah. So etwas ist das größte Lob, die größte Bestätigung, die man mir geben kann. Ich wachse in diesen Augenblicken über mich selbst hinaus, bin stolz und glücklich, denn ich weiß, es hat geklappt, weil ich gemacht habe, dass es klappt. Das ist sie, die Mount Everest-Besteigung ohne Beine.

Weder Haupt- noch Nebenrolle

In solchen Situationen weiß ich, dass ich mein Ziel erreicht habe, meiner »Behinderung« in meinem Leben keine Hauptrolle, ja nicht mal eine Nebenrolle zu geben. Wenn überhaupt, dann ist die Statistenrolle mehr als genug. In meinen Begegnungen mit anderen erfahre ich, dass ich als Mensch und nicht als »schwerstbehinderter / schwerhöriger / geistig eingeschränkter Rollstuhlfahrer« oder schlicht als »hilflose Person« gesehen werde. Äußerlich passe ich als Rollstuhlfahrer vielleicht nicht immer dazu, aber Katharina beispielsweise passt auch nicht in die Heidi Klum-Show. Ihre Füße passen nicht mal in zierliche Sandälchen. Ist sie deshalb »behindert«? Muss sie sich unsicher fühlen, weil andere feine Schühchen tragen? Nein, sie lacht und tanzt und mischt mit. Und ich mach's genauso. Ich winke vom Wagen auf dem Christopher-Street-Day, der Parade für sexuelle Vielfalt, lache, trinke und bin mittendrin statt nur dabei, in einer Welt vieler »perfekter« Körper.

Doch wann ist ein Körper überhaupt »perfekt«? Wenn er makellos ist? Wenn er komplett ist? Ich denke, »perfekt« ist, was wir – jeder Einzelne von uns – aus unserem Körper mit seinen naturgegebenen Möglichkeiten machen. Sonst hätten ja schließlich nur Supermodels, nur Menschen mit perfekten, dem Allgemeingeschmack entsprechenden Körpern ein Recht und eine Chance darauf, geliebt und akzeptiert zu werden. Ich bin von der Natur mit besonderen körperlichen Eigenschaften versehen, aber auch mit großen Talenten gesegnet worden und habe meinen Körper so angenommen, wie er ist. Und ich versuche, das entsprechend zu leben. Wenn mich jemand fragt, was für Schuhe ich zu Hause habe, zeigt mir diese Frage, dass meine Ausstrahlung funktioniert, auch wenn es sich für den Fragenden in diesem Augenblick anfühlen mag, als sei er gerade mitten in einem Fettnäpfchen gelandet. Für mich sind solche Fragen eine wahre Freude! Und wenn ich im Flugzeug ein Upgrade in die Business-Class bekomme, freue ich mich über jeden Zentimeter zusätzlicher Beinfreiheit.

Als schwuler Mann werde ich auch oft gebeten, über sensible, private Themen zu sprechen. Mein bester Heterofreund findet es super, dass er in mir jemanden hat, mit dem er sich auch mal über intimere Dinge unterhalten kann. All seine anderen männlichen Freunde können das nicht, da laufen die Freundschaften auf anderen Ebenen ab. Sport, Fußball, Arbeit, Frauen und so weiter … Das ist gut und schön, aber auf Dauer für ihn auch ein bisschen eindimensional. Oder es sind Frauen, mit denen er intimere Dinge bespricht. Ich führe gerne und oft tiefergehende, reflektierte Gespräche, die nicht nur so an der Oberfläche dahinplätschern. Gespräche von der Art, wie sie einen ein Stück weit in der eigenen Entwicklung voranbringen.

Schon zu Schulzeiten habe ich so manchem Gespräch zu zweit mehr Wert beigemessen als einer ganzen Unterrichtsstunde. Und so konnte es sein, dass ich nicht zur Shakespeare-Analyse ging, sondern stattdessen eine Janis-und-xy-Analyse machte, wenn ich gerade mit jemandem mitten im Gespräch war. Ich faulenzte nicht und sah auch kein großes Problem darin, in diesen Stunden nicht in der Schule zu sein. Nein, ich spürte die Wichtigkeit für mich und dass es außerhalb der Schule auch jede Menge Dinge zu lernen gab. Und so konnte es durchaus sein, dass man Jan und mich über die Straße schlendernd (also, er schlenderte, ich rollte neben ihm her) antraf, ganz in Gedanken versunken darüber, wie man ein glückliches Leben führt. Ein Leben, von dem man am Ende stolz sagen konnte: »Es war mein Leben!« Wir bewunderten ältere Menschen, die genau das geschafft hatten, und waren uns sicher, dass wir auch darauf hinarbeiten wollten. Nichts schien uns in dem Moment schlimmer, als am Ende nicht zufrieden zu sein. Ich führe solche Gespräche gerne, und ich glaube schon, dass andere sie auch gerne mit mir führen.

Ich bin dankbar, dass es offensichtlich eine ausgleichende Gerechtigkeit gibt – die körperliche Besonderheit und den Humor, es mit Gelassenheit hinzunehmen.

Das Leben ist viel zu schön, um es immer nur ernst zu nehmen. Deshalb gehe ich jetzt zum Sofa, kitzle mich selbst unter den Achseln, lege meine Füße hoch und freue mich, dass es mich gibt.

Mit dem Rollstuhl durch Namibia

Ich bin schon immer gerne gereist, war auch viel mit meinen Eltern und meinen Geschwistern im Urlaub. Mehrmals im Jahr wurde der Familien-VW-Bus gepackt, der Wohnwagen angehängt und dann ging es los. Wir sind im Lauf der Zeit viel durch Europa getourt – von Campingplatz zu Campingplatz. Zu siebt in einem Wohnwagen, das war zwar sehr eng, aber auch kuschelig. Mir war sowieso alles recht. Hauptsache, wir waren unterwegs und es gab genügend Neues zu entdecken. Ich war schon immer sehr neugierig und wollte wissen, wie Menschen in anderen Ländern leben, was hinter ihren Mauern so vorgeht – was es für unterschiedliche Auffassungen von »Wohnen« gab.

Als ich 14 Jahre alt war, haben mehrere Fügungen dafür gesorgt, dass ein großer Traum von mir endlich wahr wurde.

Als ich noch klein war, ist mein 14 Jahre älterer Bruder schon sehr viel durch die Weltgeschichte gereist. Ich fand das toll, dass Sebastian einfach so ganz alleine wochenlang unterwegs sein konnte, fremde Kulturen kennenlernte, anderes Essen aß und vielleicht auch eine andere Sprache sprach. Ich liebte seine Erzählungen und bekam immer große staunende Augen, wenn er wieder nach Hause kam. Ich konnte mir zwar nicht wirklich vorstellen, was er da erzählte – das war alles sehr fremd und exotisch und ich war damals noch zu klein dafür. Aber seine Erzählungen haben mich total in ihren Bann gezogen, und was ich verstanden habe, war, dass er weit weg und es spannend war. Ich wurde dann immer ein wenig neidisch auf ihn und seine Möglichkeiten. Wenn er von seinen Abenteuern berichtete, ging ein regelrechtes Vibrieren durch mich hindurch – es stachelte mich an, ich wollte auch ein Abenteurer sein, wie mein Bruder. Er hat sozusagen die Filmrolle in meinem Kopfkino eingelegt. Ich wollte auch einmal am eigenen Körper erfahren, wie es sich anfühlt, auf der anderen Seite der Erde zu sein.

Was der Ältere hat, will der Jüngere auch, eine ganz normale Entwicklung in Familien. Hier war ich der Jüngere. Das Samenkorn war ausgelegt.

Im Sommer 2005 lernte ich bei einer Waldorf-Tagung in Herne Christiane kennen, die einen Workshop zum Thema »Eurythmie ist scheiße« anbot. Der Titel kam natürlich gut an und so strömten alle zu dieser Tagung mitgeschleiften Kinder zu ihr. Wir machten zwar auch Eurythmie – die anthroposophische Bewegungskunst –, doch das bemerkte kaum einer. Christiane verstand es, die Eurythmie jugendgerecht anzubieten. So kam ich mit ihr ins Gespräch und erfuhr, dass sie Eurythmie-Lehrerin in Windhoek war. Windhoek, die Hauptstadt Namibias! In jeder Pause löcherte ich sie mit meinen Fragen, ich wollte alles von diesem Traumland – so kam es mir damals vor – erfahren, und sie erzählte mir gerne davon. Von ihrer Farm, wo sie mit ihrem Mann und zwei Freunden wohnte, und die so groß war, dass man mit dem Auto von einem Ende zum anderen fahren musste. Von einer Farm, auf der Zebras lebten und Leoparden ihr Unwesen trieben. Ihre Erzählungen knüpften dort an, wo mein Bruder aufgehört hatte, und zogen mich wieder und wieder in ihren Bann. Ich bin regelrecht in eine andere Welt entführt worden!

In diesem Sommer wurde der Grundstein gelegt für meine Namibia-Reise. Von dem Augenblick an war klar, ich muss dahin. Es führt kein Weg daran vorbei. Nur das Wie stand noch in den Sternen. Keiner hat so richtig daran geglaubt, dass ich diesen Traum realisieren könnte. Wie sollte das denn gehen, ohne Arme und Beine mit einem Elektrorollstuhl in Afrika? Ich dachte mir hingegen: »Besser mit Rollstuhl als ohne!«

Die Idee, dorthin zu reisen, ist mir nicht mehr aus dem Kopf gegangen. Allein, es fehlte noch der richtige Aufhänger, der mich dazu brachte, die anstrengenden Planungen anzugehen. Ich wollte lieber einfach direkt los. Doch das sollte sich bald ändern.

In Waldorfschulen ist es üblich, dass die Schüler in der achten Klasse eine sogenannte Halbjahresarbeit durchführen. Ein Projekt also, mit dem man sich über sechs Monate hinweg beschäftigt und darüber eine Arbeit schreibt. Man sucht sich ein Thema aus, macht einen praktischen Teil dazu und schreibt dann so eine Art Projektarbeit. Dies sollte unsere Langzeitmotivation trainieren. Ich fand meine Motivation hingegen darin, meinen Traum mit meiner Aufgabe zu verbinden. Ich sagte mir: Ich will diese Reise machen und ich muss diese Halbjahresarbeit schreiben. Warum schlage ich nicht zwei Fliegen mit einer Klappe? Dann lautet mein Thema eben: Meine Reise nach Namibia. Jetzt hatte ich sowohl den Aufhänger, den ich brauchte, als auch den Druck, tatsächlich in die Puschen zu kommen, um die konkrete praktische Organisation anzugehen.

Es war natürlich undenkbar, dass ich allein hinflog. Meine Eltern konnten auch nicht mit, meine Geschwister wären sonst drei bis vier Monate alleine gewesen. Sie schieden also als Reisebegleitung aus. Es bedurfte einer anderen Lösung. Ich hatte ja noch einen erwachsenen reiselustigen Bruder, den ich sofort als potenziellen Reisegefährten ins Auge fasste – schließlich hatte er mich ja auch angestachelt. Als ich ihm am Telefon meinen Plan vortrug, war er nach kurzem Zögern auch gleich einverstanden. Mit der vollen Unterstützung unserer Eltern konnten wir uns also in das Abenteuer stürzen – zwei Brüder allein in Namibia. Niemand zweifelte mehr an dem Projekt, doch in mir machte sich hin und wieder eine Frage bemerkbar: Würde es gutgehen zwischen uns beiden? Würden wir uns verstehen? Sebastian war immer so erwachsen gewesen, worüber ich mich bei meinen Eltern hin und wieder beschwert hatte. Er rief mich manchmal zur Ordnung, hatte die Tendenz, mir als Hilfserzieher das Leben schwer zu machen. Zunehmend beschlich mich diese Sorge. Sollte ich doch einen Rückzieher machen? Schließlich würde ich ihm in Namibia nicht entkommen können.

Zunächst versanken meine Sorgen unter einem Berg von Aufgaben. Es gab viel zu bedenken. Zuallererst rief ich meine neue Freundin Christiane an, die Waldorflehrerin in Windhoek, und trug ihr meine Idee vor. Auch sie war sofort begeistert, freute sich, mir ihre Erzählungen wahr werden lassen zu können, und besorgte mir viele aufschlussreiche Informationen. Wie sind die Verhältnisse dort? Das Wetter, die Menschen, die Gehwege und das Leben? Welche Möglichkeiten gibt es an der Schule? Wo können wir wohnen? Wie kommt man mit einem Rollstuhl in der Öffentlichkeit zurecht? Was passiert, wenn der Rollstuhl kaputt geht? Woher bekommen wir ein passendes Fahrzeug, um auch meinen Elektrorollstuhl zu transportieren? Welche Airline ist zu empfehlen? Was müssen wir uns anschauen, was sind die spannendsten Orte? Und die für mich wichtigste Frage: Wo kann ich die großen Raubtiere sehen? Mir wurde ganz schwindelig bei den vielen Themen, die geklärt werden mussten. Wo sollte ich bloß anfangen? Ich war noch nicht losgeflogen und fühlte mich bereits mitten im Dschungel – einem Informationsdschungel. Zum Glück waren Christianes Erzählungen immer sehr lebendig, sie versprühte ihre Begeisterung auch über 8.300 Kilometer durchs Telefon. Wir telefonierten oft und lange – der Hörer glühte, doch ich war von Mal zu Mal motivierter.

Nach und nach entstand ein Plan. Ich würde drei Monate in Namibia bleiben, davon sechs Wochen mit meinem Bruder, und in den deutschen Schulferien sollten meine Eltern und meine Geschwister nachkommen. Sechs Wochen lang wollte ich die Waldorfschule in Windhoek besuchen und Elefanten, Löwen und Co. erleben.

Und dann war es schließlich so weit, der große Tag war gekommen. Meine Eltern brachten uns nach Dortmund zum Bahnhof, wir winkten noch ein letztes Mal und dann ging es mit dem Zug weiter nach Frankfurt zum Flughafen. Meine erste Reise ohne Eltern hatte begonnen. Das erste Mal außerhalb Europas und das erste Mal fliegen. Bereits im Zug war ich ziemlich aufgeregt und musste mich zusammenreißen, um nicht plötzlich laut loszujubeln. Nicht viel hätte gefehlt und ich hätte vor lauter Freude das ganze Großraumabteil der Geschäftsreisenden angesteckt – wäre am liebsten auf den Tisch geklettert. War das noch real? Ich musste mir in den Arm beißen. Er meldete sich umgehend schmerzhaft zurück. Das war real. Zweifellos!

»Wir haben hier einen Charly«

Am Flughafen angekommen, fing erst einmal ein großes Tohuwabohu an, keiner wusste Bescheid, wie das mit meinem Rollstuhl gehen sollte. »Ihr Rollstuhl ist nicht angemeldet«, verkündete eine Frau, die fast komplett hinter dem hohen Schalter verschwand. Ich wusste, dass man solch großes Gepäck mindestens zwei bis drei Tage vorher anmelden muss, und hatte auch genau das getan. Alle Vorfreude war auf einen Schlag verflogen, ich befürchtete Schlimmes! »Wir haben hier einen Charly«, erzählte die Schalter-Dame nach kurzem Zögern ihrem Funkgerät, dann rauschte es kräftig. Charly, das bin ich. Ich heiße zwar Janis, bin ein freundlicher Kunde von Air Namibia. Doch hier? Hier bin ich Charly. Einen Nachnamen habe ich nicht und dazu auch noch die falschen Ausweispapiere, aber ich kann das erklären: Charly ist kein Name, sondern eine Bezeichnung für Menschen wie mich. Menschen, die einen Rollstuhl fahren, weil sie nicht laufen können und manchmal lieber fliegen wollen. Während ihrer Zeit im Flughafen und im Flugzeug sind diese Menschen eben alle Charlys. Charlys sind die Kunden am unteren Ende der Skala, die, die gar nichts selbst können. Die, die Arbeit machen und stetig überwacht und verwaltet werden müssen.

Für mich hört es sich dennoch an wie ein Name und zwar einer, über den man sich nicht einmal spontan lustig macht, wenn man ihm begegnet. Ich freue mich meistens nicht darüber, bin aber stolz, zu einer sehr kleinen privilegierten Minderheit in Deutschland zu gehören, die völlig ohne Probleme ihren Namen erst in die eine Richtung und dann wieder zurück ändern kann. Versuchen Sie einmal, dies einem Beamten im Standesamt zu erklären! Sie werden es nicht schaffen.

Schnell klärte sich das Missverständnis dann doch auf, wir bekamen grünes Licht und meine Vorfreude meldete sich zurück. Ich war erleichtert. Die nächste Debatte ließ jedoch nicht lange auf sich warten: Die Batterie meines Rollstuhls müsse abgeklemmt werden. Ja, wirklich abgeklemmt, ausschalten allein reiche ihnen nicht. Kurzschluss-Gefahr, keine Diskussion möglich. Nein, das ging gar nicht!

Mein Bruder, cool wie er war, kniete sich kurzerhand auf den Boden und fing an zu schrauben. Immer mehr Werkzeug flog um ihn herum – dann war es geschafft und wir alle sichtlich erleichtert. Gott sei Dank hatte er sich in weiser Voraussicht bei meinem holländischen Rollstuhl-Hersteller zum Behelfsmechaniker ausbilden lassen.

Nachdem das erledigt war, wurde der Rollstuhl verladen und ich bemerkte schnell, was es hieß, als »Charly« zu reisen.

Es hieß, sich wie ein Koffer zu fühlen, wie jemand, der gar kein jemand ist. Ich musste mich vom Flughafenpersonal in einem klapprigen Flughafenrollstuhl schieben lassen, durfte nicht selbst entscheiden, wann ich wie schnell mit wem wohin fuhr, und wurde zum krönenden Abschluss mit der Nase zur Wand abgestellt. Vorwärts eingeparkt sollte ich warten. Warten worauf? Eine Erklärung gab es nicht – so ein Koffer muss wirklich einsam sein. Glücklicherweise bemerkte Sebastian meine Lage schnell, drehte mich um und dann konnten wir endlich das Flugzeug besteigen. Dort präsentierte sich aber direkt schon die nächste Baustelle: Meine Eltern hatten darauf bestanden, dass ich mich im Flugzeug ordentlich mit meinem Spezialgurt anschnallte, weil der normale Beckengurt bei meinem Körperbau nicht wirklichen Halt bietet. Damit hatten sie ja recht – ein Beckengurt war für mich genauso sinnvoll wie die extra Beinfreiheit auf meinem Platz. Und so haben wir dieses Geschirr an meinen Sitz montiert und damit für Aufregung gesorgt, weil die Dame hinter mir ihren Klapptisch nicht mehr benutzen konnte und darüber sehr erbost war. Aber was sollte ich denn machen? Es war mir sehr unangenehm, doch ich konnte für den Augenblick auch nichts daran ändern und hoffte nur, dass sie sich im Laufe des Fluges wieder beruhigte und ich nicht ihre langen, rot lackierten Fingernägel im Nacken zu spüren bekommen würde – wie eine Massage würde sich das sicher nicht anfühlen.

Ich werde das Kribbeln in meinem Bauch nie vergessen, als das Flugzeug auf die Startbahn rollte und schließlich abhob. Vor mir lag eine lange Zeit voller Unwägbarkeiten, voller

Abenteuer. Ich liebe dieses Gefühl! Ein Traum wurde wahr. Aber dann wurde es auch bald schon sehr langweilig im Flugzeug – auch die Lichtpunkte am Boden schienen nur sehr langsam an uns vorüber zu ziehen. Es fühlte sich gar nicht an wie 700 Kilometer pro Stunde. Nach der schwer genießbaren Mahlzeit passierte ganz lange nichts mehr, ein Film wurde gezeigt, der mich so überhaupt nicht interessierte. Die Aufregung des Startes war verflogen und jetzt fand ich mich plötzlich mitten in einem 10-Stunden-Martyrium.

Während des ganzen Fluges habe ich kein Auge zugemacht. Das alles war wenig lustig. Doch irgendwann nach gefühlten zwanzig Stunden wurde endlich der Landeanflug angekündigt und der Blick aus dem Fenster entschädigte mich für die Qualen des Fluges. Eine wunderbare weite Landschaft, so weit das Auge reichte, breitete sich unter den Tragflächen aus. Und nach einem Rumms, der das Flugzeug erschütterte, waren wir wieder auf der Erde.

Im Flugzeug entstand die typische Hektik, wenn Passagiere es kaum erwarten können, der Enge des Fliegers zu entkommen. Wir warteten erst einmal, bis alle ausgestiegen und mein Rollstuhl herbeigeschafft war, und stiegen dann in aller äußeren Ruhe und inneren Unruhe auch aus.

Die Baustellen unserer Reise wollten jedoch so schnell nicht aufhören. Am Flughafen gab es wieder Hick-Hack, weil das Mietauto, das für uns bereitgestellt wurde, viel zu klein war. Wie hätte man darin meinen Rolli mitnehmen wollen? Für uns hieß das: umdisponieren, warten, bis aus der Stadt ein anderes Auto herbeigeschafft war. Und das alles nach zehn

Stunden langweiligem Flug! Ich bin eh nicht der Geduldigste! Nach einigem Warten und vielen Spekulationen, was uns alles erwarten würde, war es dann so weit. Wir saßen im Auto und fuhren gen Windhoek. Mein erster Eindruck, an den ich mich bis heute sehr klar erinnere, war: Mensch, ist das hier trocken und staubig. Und diese Weite!

Ich war müde, wollte eigentlich nur noch ins Bett, und fast wie in Trance glitten wir über dieses schier endlose Asphaltband – immer stur geradeaus. Dann kamen die ersten Häuser. Sehr großzügig gebaut, jede Menge Platz außen herum, und die meisten sahen aus wie Militäranlagen. Stacheldrahtzaun, Alarmanlagen, hohe Mauern – bei manchen standen sogar Wachleute mit Waffen vor der Tür. War das hier wirklich nötig? Musste ich Angst haben? Informiert hatte ich mich über die Sicherheitslage. Aber das alles in echt zu sehen, war etwas ganz anderes. Ein wenig mulmig war mir schon zumute – ich war ja gerade mal 14!

In einem Kaufhaus im Stadtzentrum wollten wir uns mit den wichtigsten Lebensmitteln versorgen, also fuhren wir auf den Parkplatz, auf dem erstaunlich viele Menschen zu sehen waren. Manche schoben Einkaufswagen anderer Leute und halfen ihnen beim Einpacken, andere durchsuchten Mülleimer und wieder andere winkten uns in verschiedene Parklücken. Sie schienen richtig in Konkurrenz zu stehen – wollten, dass wir ihren Parkplatz ansteuerten. Ich war überrascht über den vielen Service einerseits – kaum etwas hätte man selbst machen müssen – andererseits geschockt über das Elend, das man hier beobachten konnte. So war ich damit noch nie konfrontiert worden. Menschen, die in Mülleimern wühlten oder aus lauter Verzweiflung Einkäufer chauffierten oder Autos bewachten. Schlagartig wurde mir bewusst, dass ich mich an vieles würde gewöhnen müssen, dass ich Dinge sehen würde, die mich mit meinem doch auch naiven europäischen Blick schockieren würden. Aber ich wollte ja erfahren, wie die Menschen hier lebten.

Der Einfachheit halber hat mein Bruder vorgeschlagen, vorerst nur den Schieberollstuhl zu benutzen. Alles andere wäre arg kompliziert gewesen und so ein Hightech-Gerät wollten wir nicht direkt am ersten Tag präsentieren. So sind wir dann mit Rollstuhl und Einkaufswagen durch den Supermarkt gecruist. Das war natürlich vom Handling kompliziert, schließlich hatte mein Bruder nur zwei Hände. Ein paar mehr hätten uns gut getan. Aber kaum waren wir im Supermarkt, ist uns ein Einheimischer zu Hilfe geeilt, hat uns den Wagen abgenommen und uns durch den ganzen Supermarkt begleitet. Er hat uns anschließend auch geholfen, die Sachen in Tüten zu packen und ins Auto zu laden. Das fand ich sehr erstaunlich. War das Service oder Verzweiflung? Ich war mir natürlich bewusst, klar, die machen das, um Geld zu verdienen. So hatte ich es beobachtet: Jedes Mal wurden ihnen ein paar Münzen zugesteckt für das, was sie taten. Aber dieses erste Aha-Erlebnis sollte ich nie vergessen.

»Krumhuk«

Noch einmal mussten wir eine Strecke fahren, unsere Farm mit dem etwas hölzern klingenden Namen »Krumhuk« lag circa 20 Kilometer südlich der Hauptstadt. Zeit genug, zwischendurch doch dringend mal pinkeln zu müssen, was mich in den Genuss brachte, einen kleinen Vorgeschmack darauf zu bekommen, wie es ist, mit einem Bruder und nicht mit den Eltern unterwegs zu sein. Er stoppte abrupt mitten in der Pampa, als ich mein Bedürfnis zum Ausdruck gebracht hatte, forderte mich auf, im Auto sitzen zu bleiben, stieg selber aus und tanzte trampelnd und Zischlaute von sich gebend wie ein Wilder um das Auto herum. Ich schaute ihm dabei sehr verwundert zu und hab mich vor Lachen nicht mehr eingekriegt. So hat mir mein Bruder beigebracht, wie Schlangen in Afrika zu verscheuchen sind. Anschließend konnte ich unbesorgt pinkeln gehen.

Erleichtert fuhren wir weiter zur Farm. Zunächst über das Asphaltband und dann rechts abgebogen auf die Piste. Als wir die richtige Adresse erreicht hatten, mussten wir von dort noch vier Kilometer über das Farmland fahren, bis wir das Haus endlich erreichten. Dieses riesige Grundstück gehörte zwei Familien. Wir wurden in einem separaten Gästehaus untergebracht und konnten uns von den Strapazen der Reise erholen. Alles ein wenig unheimlich, weil man uns gesagt hatte, dass auf der Farm auch Leoparden unterwegs seien und sich das Gästehaus außerhalb des gesicherten Bereichs der Farmhäuser befand. Touristenattraktion der spannenden Art? Und die vielen nächtlichen Geräusche, die man nicht zuordnen kann ... Unheimlich war es schon!

Am nächsten Morgen war der Schrecken groß. Ich hatte mein Bett vor dem Fenster stehen und als ich die Augen aufschlug, sah ich mich fast Nase an Nase mit einer dicken, fetten Kuh, die ihren Kopf durch das Fenster steckte und mich glubschäugig anstarrte. Sofort war ich hellwach – zitterte leicht. Was war denn jetzt los? fragte ich mich. Wie versteinert lag ich unter meiner Decke, konnte mich erst nicht bewegen, flüchtete dann aber doch schnell in die andere Ecke des Raumes. Die Kuh war natürlich völlig gelangweilt – wie Kühe eben so sind –, hat sich um mich und meinen Schrecken nicht gekümmert und sich kurz danach einfach abgewandt.

Als ich aus dem Fenster schaute, wurde mir einiges klar. Ich fand mich mitten in einer Kuhherde, die sich um das Haus geschart hatte. Mit vielem hätte ich gerechnet, aber dass mich eine blöde, langweilig vor sich hin trottende Kuh so erschrecken konnte? Ich war noch ganz am Anfang meiner Karriere als Abenteurer.

Safari

Wir blieben zwei Tage, dann hieß es schon wieder aufbrechen. Zwei Wochen Safari waren angesagt. Mit dem Geländewagen durch die afrikanische Savanne, mitten durch Namibia hindurch. Das war nach meinem Geschmack, ich freute mich sehr, konnte es kaum erwarten. Wir hatten noch extra eine Rampe bauen lassen, sodass wir den Rollstuhl besser verladen konnten.

Unsere erste Zwischenstation hieß »Ousema«, eine Farm von Leuten, die ich ebenfalls in Deutschland kennengelernt hatte. Ein Rollstuhlfahrer und seine Frau lebten auf dieser Farm, die sie barrierefrei ausgebaut hatten. Das waren für mich paradiesische Zustände, ich konnte aus eigener Kraft überall hinfahren. Die fantastische Küche der Großmutter rundete das Paradies ab. Auch wenn es ihr nicht in den Kopf gehen wollte, wie es sein konnte, dass einer nur Gemüse aß, machte es ihr sichtlich Spaß, ihre Gäste kulinarisch zu verzaubern. Es gab viele mir unbekannte Speisen, ein köstliches, selbst gebackenes Brot und fantastischen namibischen Tee. Zum Frühstück wurde »Mielie Pap« serviert, ein Maisbrei und traditionelles Grundnahrungsmittel der Namibier. Hier bin ich erst so richtig angekommen im Land meiner Träume.

Die Unterkunft war idyllisch gelegen, mit einem wunderschönen Blick über die üppige Graslandschaft und auf ein kleines Gewässer. Was auf den ersten Blick aussah wie ein Bilderbuch, entpuppte sich schnell als Herausforderung. Ständig gab es irgendwelche Insekten in unserem Zimmer. Ein schauderhaftes Summen, welches uns jedes Mal zusammenzucken ließ. Wir hatten eine Heidenangst vor Malaria und schliefen unter Moskitonetzen. Nach zwei Tagen ging es im Geländewagen weiter Richtung Norden, Richtung Etosha-Nationalpark. Bewaffnet mit jeder Menge Mückenschutzmittel – je weiter nördlich, desto größer das Malariarisiko. Ich wollte unbedingt Tiere in freier Wildbahn sehen und erleben – gefährlichen Löwen gefährlich nahe kommen. Mein Bruder hatte bereits Erfahrung und wusste, dass man früh morgens die höchsten Chancen hatte, auf Tiere zu treffen. Aber wir mussten nicht nur früh aufstehen. Nein, mein Bruder hatte auch noch den

Mit dem Allrad-Jeep haben wir die Savanne unsicher gemacht und wilde Tiere beobachtet – atemberaubend und spannend.

Ehrgeiz, als Erster das umzäunte Camp zu verlassen. Kurz vor Sonnenaufgang wird das Tor geöffnet, das nachts Schutz vor den wilden Tieren bieten soll, aber eigentlich nur zur Beruhigung der Touristen dient. Wenige Meter neben dem bombastischen Tor ist der Zaun so niedrig, dass Elefanten bei seinem Anblick nur kichern können. Wir stellten den Wecker also auf eine Uhrzeit, die so früh war, dass mir fröstelte, und legten uns in unser Dachzelt. Das erste Mal draußen zu schlafen, war die Anstrengung allemal wert. Mir pochte das Herz, diese ganzen Geräusche: In der Ferne kreischte ein Vogel, ein anderer antwortete. Und schlich da nicht jemand um unser Zelt herum? Schakale hatte ich am Vorabend noch beobachtet, wie sie den anderen Urlaubern das Essen wegschnappten. Musste ich im

Zelt Angst haben vor diesen Aasfressern? Irgendwann schlief ich dann doch tief und fest ein.

Geweckt wurde ich von einem schrecklich vertrauten Geräusch: Der Wecker klingelte schrill. Sebastian war sofort auf den Beinen, denn jetzt hieß es, keine Zeit zu verlieren.

Selbstverständlich waren wir die Ersten vor dem Tor und warteten mit laufendem Motor, dass es losgehen konnte. Ich war noch total verschlafen, dagegen hatte auch kein Waschlappen geholfen.

Wir waren auch die Ersten am Wasserloch und das erste Tier, das ich sah, war eine Löwin, die – ebenso schläfrig wie ich – am Rand eines Gestrüpps lag und darauf wartete, dass ihr Frühstück vorbei kam. Sie sah echt majestätisch aus, man konnte richtig sehen, wie sie sich als Königin der Tiere fühlte, als sie erhobenen Hauptes zum Wasserloch schritt. Die nächsten Tage waren ganz ähnlich. Es waren magische Momente, die wir erlebten. Diese Mischung aus Müdigkeit, aufziehendem Tag, von dem man noch nicht weiß, was er einem bringen wird, und diese ursprüngliche Natur. Das war gigantisch! Zwischendurch wechselten wir das Camp, fuhren durch Gebiete, die angeblich nicht so viele Tiere beheimateten. Kaum hatte mich die Langeweile eingeholt, weil außer Dornenbüschen nichts zu sehen war, bogen wir um die nächste Kurve. Plötzlich bremste Sebastian abrupt ab, ich wurde unsanft in den Sicherheitsgurt gedrückt. Als ich wieder geradeaus schauen konnte, stand ein Leopard vor unserem Auto! Wahnsinn! Diese Tiere waren so selten zu sehen. Ich war total aufgeregt, freute mich riesig und war gar nicht so sehr traurig, dass er schnell im Gebüsch verschwand, nachdem er uns einen verächtlichen Blick zugeworfen hatte. Ein Foto konnten wir so schnell gar nicht schießen. Aber seinen Anblick werde ich trotzdem niemals vergessen.

Ein Höhepunkt jagte den nächsten, ich kam gar nicht mehr zur Ruhe. Wenig später beobachteten wir eine Löwenfamilie, die ihren Jungen das Jagen beibrachte. Obwohl durchs Fernrohr nicht in HD zu sehen, war diese Vorstellung besser als jeder Film auf einer realen Leinwand. Ich schaute gebannt zu und konnte den Blick nicht abwenden. Ein wenig Mitleid hatte ich mit den Zebras, doch das war schnell vergessen: Die Löwenjungen sahen so süß aus, wenn sie – noch etwas tapsig – zu ihren ersten Jagdversuchen ansetzten. Ein Tag, wie er besser nicht sein konnte, ich war begeistert!

Nach Tieren folgte Landschaft. Wir fuhren in die Wüste, die es dort reichlich gibt. Und Dünen, ich liebe sie! Auch dort wieder das Gleiche wie im Wildreservat: mein ehrgeizig-sportiver Bruder. Wieder in aller Herrgottsfrühe ging es raus aus den Federn und rein in den Jeep. Er hatte mir schon tags zuvor erzählt, dass es lange Tradition ist, morgens ein kleines Wettrennen zu veranstalten mit dem Ziel, als Erster an und dann auch auf der Düne zu sein. Und so oder so will man ja bei Sonnenaufgang auf der Düne stehen und nicht noch im Auto sitzen. Nicht nur wegen des Urlaubsfotos, sondern, weil der Sonnenaufgang in der Wüste ein wirklich sehr beeindruckendes Erlebnis ist, wie ich später mit eigenen Augen sehen sollte.

Autorennen

Mir hat die Idee sehr gefallen. Autorennen durchs Gelände!
Mal wieder was Neues. Auch hier sammelte man sich vor dem
Tor, um dann im Pulk loszubrettern. Mein Bruder war für
solche aufregenden Aktionen immer zu haben. Meine Eltern
nicht. Ich sehe uns noch vor diesem Tor stehen, mit laufendem Motor und dem Fuß meines Bruders auf dem Gaspedal. Dann wurde das Tor geöffnet und keine Sekunde später
machte unser Auto einen Sprung nach vorne, zielte mit Vollgas auf die Schotterpiste und verschwand für die Nachzügler
in einer dicken Sandwolke. Mein Bruder hatte keine Scheu,
das Gaspedal bis nach unten durchzudrücken, während ich
mit breitem Grinsen auf dem Beifahrersitz saß und mich vor
Freude über unseren Vorsprung nicht mehr einkriegte. Zum
ersten Mal wusste ich, wie es sich anfühlt, wenn einem Benzin
in den Adern floss.

Tatsächlich waren wir die Ersten am Fuß der Düne, mit
enormem Vorsprung. Um diesen zu halten, hieß es für mich,
rein in das Tragesystem und rauf auf den Rücken von Sebastian. Das konnte ich eigentlich überhaupt nicht leiden. Aber
dadurch, dass die Spannung so hoch war und wir das Ziel direkt vor Augen hatten, habe ich mich breitschlagen und auf
seinem Rücken tragen lassen. Wir wollten natürlich auch hier
die Ersten sein, die oben auf der Düne ankamen. Auf halber Höhe der Düne waren wir immer noch die Ersten, obwohl mein Bruder auch noch mich hochschleppen musste – er
war echt stark, hatte eine Kraft, die mir gut gefiel. Schließlich wurden wir doch überholt und setzten uns erst einmal

Anderes Land, andere Düne, dasselbe Gefühl!

in den Sand. Wir haben uns zusammen unter die einzige mit
hochgeschleppte Jacke gekuschelt und mit klappernden Zähnen darauf gewartet, dass die Sonne endlich aufging – man
glaubt gar nicht, wie kalt es nachts in der Wüste werden kann.
Es hat sich angefühlt wie ein gemeinsamer Sieg, beleuchtet
und gewärmt von der aufgehenden Sonne.

Als wir wieder zu Atem gekommen waren, sind wir noch
weiter durch die Dünen gelaufen. Ich bin über weite Strecken
alleine gewandert, was für mich super cool war, weil ich vorher nie alleine große Strecken draußen spazieren gegangen
war. Jetzt war der Moment gekommen, in dem ich die Düne
selbst bezwingen konnte. Das hat sich toll angefühlt. Der Auf-
stieg war zwar sehr mühsam, weil ich bei jedem Schritt wieder einen halben zurückrutschte. Es war beschwerlich, kostete

mich viel Energie, und beinahe hätte ich aufgegeben. Aber der Gedanke daran, dann verloren zu haben, stachelte mich an. Verlieren stand überhaupt nicht auf unserem heutigen Tagesplan, und so erklomm ich Zentimeter für Zentimeter den Gipfel. Oben angekommen fühlte ich mich wie der Kaiser persönlich. Der Kaiser der Düne. Ich hatte nicht nur einen tollen Ausblick – sondern es vor allem geschafft. Da oben zu stehen und zu wissen, die Düne aus eigener Kraft bezwungen zu haben, fühlte sich großartig an. Ich war natürlich ziemlich außer Atem, keuchte vor mich hin und war zu ausgepowert, um weiterzulaufen. Aber es war ein tolles Gefühl, auch wenn die Krone des Kaisers noch klein war.

Auf dem Rückweg zur Farm machten wir in Khorixas Halt, eigentlich nur, um zu tanken. Diese kleine Stadt mitten im Nirgendwo ist wegen ihrer Nähe zu den Orgelpfeifen und dem verbrannten Wald touristisch erschlossen. An der Tankstelle wurden wir vom Tankwart bedient, während wir im Auto sitzen blieben. Das kannten wir ja schon, das war in Namibia ganz normal. Während das Benzin langsam in unseren Tank floss, versammelten sich um das Auto herum einige sehr freundliche Einheimische, die uns neugierig allerhand Fragen stellten. Woher, wohin und wie heißen eure Frauen, Kinder, Mütter, Schwestern, Brüder, haste nicht gesehen? Für welchen Fußballklub schlägt euer Herz? Und so weiter und so fort. Wir antworteten lachend und bereitwillig. Dass wir uns nicht für Fußball interessieren, durfte man nicht sagen, genauso wenig, dass wir keine Frau haben. Bekannt waren aber nur die großen Klubs, Bayern München, BVB, Schalke. Und so gab ich mich mal als Fan der einen, mal als einen der anderen Mannschaft aus – Russisch Roulette in der Wüste – wenn das jemand der eingefleischten Fans mitbekommen hätte … Wir freuten uns über die Kontaktfreudigkeit. Doch als der Tank gefüllt war, zeigten sie uns plötzlich Kastanien-ähnliche Makalani-Nüsse, in die sie all die Namen, die wir ihnen nannten, geschnitzt hatten und die sie selbstverständlich verkaufen wollten. Mit einem Schlag kippte die Stimmung. Aus der heiteren Neugierde war eine profitorientierte Geste geworden. Es war plötzlich eine Masse an Menschen um uns herum gewachsen, die sich um das Auto versammelt hatten. Ich bin ja Einiges gewohnt, wenn es darum geht, Beachtung zu finden und angesehen zu werden. Zu Hause kann ich damit ganz gut umgehen. Aber das war eine Nummer zu viel. Dort ist mir zum ersten Mal so richtig bewusst geworden, dass mich Leute wirklich anstarren. Ich fand es furchtbar unangenehm und fast schon bedrohlich. In der Situation war ich richtig froh, dass ich einen großen Bruder hatte, der neben mir saß. Er war solche Situationen gewohnt, bezahlte ganz cool und wir fuhren davon.

Alltag in Windhoek

Wir befanden uns bereits auf dem Rückweg zu unserer Farm, wo wir schließlich gegen Abend ankamen und uns in unseren Zimmern wieder einrichteten. Nach diesen zwei Wochen »on the road« zog ein Stück weit der Alltag bei uns ein. Ich musste von nun an täglich zur Schule nach Windhoek, musste mich mit Chemie und Mathe auseinandersetzen, und das auf

Englisch. Mein Bruder brachte mich hin und holte mich nachmittags wieder ab. Am ersten Tag war ich sehr aufgeregt. Wie sollte das bloß werden? Und dann auch noch umgeben von mir völlig fremden Menschen. »Versuch' mal, etwas offener zu sein und bewusster auf andere zuzugehen«, gab mir mein Bruder noch den Tipp. Das war jedoch einfacher gesagt als getan. Wie sollte das denn bitteschön gehen? Aber dann ging es fast wie von alleine. Kaum war mein roter Flitzer aus dem Auto geladen, umgab mich ein Gewusel an Kindern. Meine Klassenkameraden wussten, mit wem sie es zu tun bekamen, denn ich hatte mich bereits per Brief vorgestellt. Ich gab mir also Mühe, »offener« und »bewusster« zu sein, begrüßte alle freundlich und erzählte über Deutschland, meine Anreise und meinen Rolli. Schnell fand ich gute Freunde, die ich auch bald zu Hause besuchte und mit denen die Freundschaft teils bis heute anhält.

In den Klassenraum konnte ich nicht selbst fahren, also blieb der Rollstuhl draußen – es regnete zu der Jahreszeit sowieso nicht. Meine Tasche ließ ich mir tragen und bei Bedarf auspacken. Selbstständig hievte ich mich auf einen Stuhl und hörte dann konzentriert zu. Ich besuchte die Doppelklasse 7 und 8, die erste Stufe an der Schule, die auf Englisch unterrichtet wurde. Neben den normalen Schulsachen hatte ich also immer ein dickes Wörterbuch dabei – Smartphones gab es noch nicht – und schrieb mir alle nachgeschlagenen Begriffe schön sauber in ein kleines Vokabelheft, damit ich sie auswendig lernen konnte.

Chemie war und blieb eine Herausforderung, während Mathe nach und nach einfacher wurde, als ich die wenigen wichtigen Vokabeln nachgeschlagen hatte. Doch eines Tages passierte etwas, an das ich mich bis heute erinnere. Mein Mathelehrer machte einen Rechenfehler! Zu Beginn traute ich mich nicht, etwas zu sagen. Als er den Fehler aber immer weiter trug, meldete ich mich und verpackte meine Kritik in eine freundliche Verständnisfrage zu dem entsprechenden Rechenschritt. Aber er verstand den Hinweis nicht, und auch mein Nachbohren half nicht. In der Pause musste ich ihm dann mit meinen Brocken deutschem Schulenglisch seine Rechnungen erklären.

Ansonsten war das alles beherrschende Thema »Fußball«. Im Gegensatz zu vielen deutschen Waldorfschulen gab es einen eigenen Fußballplatz. »Shit«, dachte ich mir, denn dass ich hier nicht mitmachen konnte, wusste ich aus Deutschland schon. Trotzdem wollte ich dabei sein und probierte mich als Torwart. Leider war die Reaktionsgeschwindigkeit des Rollis nicht auf Fußball ausgelegt – ich war einfach zu langsam und gab schließlich auf. Da aber in Deutschland gerade die Fußball-WM lief, war das Thema noch präsenter und wir fieberten alle kräftig mit. Zum ersten Mal erlebte ich, dass man völlig ohne Probleme Deutschlandfan sein konnte. Das kannte ich von zu Hause nicht, dort war man Fan von einer anderen Nation und freute sich höchstens hinter vorgehaltener Hand für Deutschland. An der Schule war man jedoch tatsächlich Fan von Deutschland oder Brasilien. Und da es einen richtigen Wettstreit gab, mischte ich munter mit, malte überall Deutschlandfahnen in meine Schulhefte und Ordner und freute mich über jeden Sieg unserer Mannschaft.

Eurythmie hatte ich selbstverständlich bei Christiane und freute mich das erste – und auch letzte – Mal so richtig auf diesen Unterricht. Es war so viel lustiger, lebendiger und cooler bei ihr als bei allen Eurythmielehrern, die ich vorher und nachher hatte. Es machte richtig Spaß und wir alberten viel miteinander herum. Auf der Farm verbrachte ich immer nach der Schule und den Hausaufgaben viel Zeit mit den Jungs, den Söhnen der Familie Spieker, die auch die Waldorfschule besuchten und deren Ältester in meiner Klasse zu den Hübschen zählte. Manchmal auch mit deren Vater Frank. Oder mit allen zusammen.

An einem Nachmittag fuhr er mit einem Safari-Hut auf dem Kopf und seinen Söhnen auf der Ladefläche seines dicken Pick-up bei mir vor: »Lust auf Perlhuhnjagd?« So kannte ich ihn gar nicht. Mit Safarihut und Gewehr auf dem Beifahrersitz. Was war denn jetzt bloß in ihn gefahren?, fragte ich mich. Ich kannte ihn nur als meinen Deutschlehrer vor der Klasse. Für mich als strengen Vegetarier war das ein besonderes Angebot – etwas verstörend vielleicht. Aber auch besonders reizvoll. Ich wusste bereits, dass Namibia als Jagdland ein gewisser Ruf vorauseilt und dass »unsere Farm« eine Jagdfarm war. Im Internet konnte man sogar nachlesen, wie viel es kostet, ein Perlhuhn zu schießen, einen Springbock oder einen Leoparden. Ich sagte »ja«, ohne recht zu wissen, was mich erwarten würde. Aber genau das herauszufinden reizte mich. Und so wurde mein Rollstuhl auf die Ladefläche verfrachtet und ich auf den Beifahrersitz. Wir saßen vorne und die Jungs hinten auf der Ladefläche. Dann ging es los, ab in die Pampa!

In voller Ausrüstung fuhren wir querfeldein über das Farm-gebiet. Dass dies keine Wege mehr waren, die man gewöhn-lich mit dem Auto fuhr, merkte man alleine daran, dass die Jungs sich hinten ziemlich festkrallen mussten. Ich war mir nicht mehr so sicher, ob wir nun Perlhühner jagen oder Jungs zum Wildfraß aussetzen wollten. Dann blieben wir mit einem Ruck stehen und Frank stieg aus. Cool in seinen Lederschu-hen und mit dem Gewehr über der Schulter. Er fühlte sich wie ein richtiger Jäger, das sah man ihm an. Aber was wollte er hier?

Töten

Ich sah viel, aber keine Tiere. Bluffte er nur? Leise schlich er auf den kleinen Hügel vor uns. Die Jungs nahmen mich hu-ckepack und wir folgten Frank leise, bis er uns ein Zeichen gab, stehen zu bleiben. Ich sah nur verwirrt in die Runde, hatte nichts entdeckt. War ich jetzt zu blöd, oder waren es die anderen? Stumm deutete Lukas mit seiner Hand nach vorne. Da, richtig, dort bewegte sich etwas. Perlhühner. Das Gewehr war schon angelegt. Dann, nach kurzem Zögern, schoss Frank. Es knallte laut. Ein Schauer lief mir eiskalt über den Rücken. Von der plötzlichen Unruhe schrien die anderen Tiere auf wie aufgescheuchte Hühner, die Jungs um mich herum auch. Sie sprangen umher, kreischten laut und feierten den Erfolg ihres Vaters. Ich stand nur da – versteinert. In Gedanken versun-ken. Ich war geschockt über das, was geschehen war. Noch nie hatte ich ein Lebewesen sterben sehen. Und obwohl der

Schock tief saß, freute ich mich für Frank, für die Jungs und mich, dass ich mich dazu überwunden hatte mitzukommen.

Die Trennung zwischen Gut und Böse war mit einem Schlag aufgehoben. In meiner heilen Vegetarier-Welt gab es keine Jäger, wurden keine Lebewesen gegessen. Das war pfui! Und nun hatte ich es plötzlich mit einem Menschen zu tun, den ich als Mensch sehr schätzte und für den es selbstverständlich war, mit dem Gewehr in der Hand für das Abendbrot zu sorgen, und der bereit war, dafür zu töten. Und für den das alles normal war. Das war total verrückt.

Die ersten sechs Wochen in Namibia vergingen wie im Flug. Dann kam die Wachablösung. Meine Eltern und meine Geschwister kamen und mein Bruder flog zurück nach Deutschland. Für mich war es großartig, dass ich mich in Namibia schon fast zu Hause fühlte und meiner Familie alle meine Entdeckungen zeigen und von meinen Abenteuern erzählen konnte. Das war das erste Mal, dass ich einen Vorsprung hatte. Das fühlte sich richtig gut an.

Es klingt etwas pathetisch, aber diese Reise hat mein Leben verändert. Sie war die Brücke von meiner Kindheit zum Erwachsenwerden. Danach war vieles anders. Ich war stolz, dass ich es geschafft hatte, dieses große Reise-Projekt zu realisieren. Ich hatte zum ersten Mal in meinem Leben die Erfahrung gemacht, wie es ist, ohne Erziehungsberechtigte unterwegs zu sein. Mit meinem Bruder habe ich mich die ganze Zeit auf Augenhöhe verständigt. Dabei geht es um sehr kleine alltägliche Dinge. Allein die Tatsache, dass ich in einem Restaurant eine Speisekarte serviert bekam und entscheiden durfte, was ich essen und trinken wollte. Das war eine Situation, an die ich mich durchaus ein bisschen gewöhnen musste. Plötzlich zählten auch *meine* Wünsche was. Das kannte ich so nicht. Ich bin mit vier Geschwistern aufgewachsen. Da kriegt man nicht sofort alles, was man haben will. Und plötzlich wurde eben nicht einfach eine große Wasserflasche für alle bestellt, sondern ich konnte das trinken, was ich wollte. Das hat am Anfang einen ziemlichen Druck bei mir aufgebaut. Ich *durfte* nicht nur für mich bestellen, plötzlich *musste* ich mich auch entscheiden.

Das veränderte mich. Ich wusste am Ende der Reise, was ich wollte und was nicht. Auch zum Leidwesen meiner Eltern, an denen meine Veränderung nicht unbeachtet vorüberging. Aber so richtig hat sich das alles erst zugespitzt, als wir wieder zu Hause waren.

Come in to come out

Wann habe ich eigentlich das erste Mal bemerkt, dass ich auf Jungs stehe? Um dies zu erzählen, muss man mir noch einmal kurz gedanklich nach Namibia folgen.

Mit den vier Söhnen dieser Familie (Naaa? Zählen Sie jetzt bereits drei und eins zusammen?) verbrachte ich sehr viel Zeit. Wir stromerten oder lungerten herum, spielten »Siedler von Catan«, gingen mit dem Vater auf die Jagd und genossen oft einfach nur die Mittagssonne.

Ich verstand selbst gar nicht so recht, warum ich die vier so toll fand, so ungemein sympathisch, ach ja, sie sahen auch super aus. Aber auf den Gedanken, dass ich schwul sein könnte, kam ich nicht. Eigentlich war es wie mit meinem Körper. Ich hätte es gleich merken können, dass da etwas »nicht in Ordnung ist«. Aber ich merkte nichts. Ich amüsierte mich mit ihnen, dachte unentwegt an sie, freute mich auf sie, hatte heftiges Herzklopfen, aber schwul? Nein. Da war nicht einmal eine Spur von »Um Gottes willen, ICH doch nicht«! Erst später ging mir in dieser Hinsicht ein Licht auf.

»Keiner kommt von einer Reise zurück, wie er losgegangen ist.« Dieser Spruch steht mitten in der Weimarer Innenstadt an einer Hauswand, und er traf auf mich zu hundert Prozent zu. Ich wollte meine eigenen Wege gehen – in jeglicher Hinsicht. Etwas war erwacht, das gelebt sein, das ich aber erst einmal für mich allein verstehen wollte. Nach der Rückkehr wollte ich gleich wieder alleine losziehen und mich erproben. Natürlich gab es einen riesigen Zoff, weil meine Eltern nicht damit einverstanden waren. In ihren Augen war jetzt erst einmal Familienzeit angesagt. In den bevorstehenden Herbstferien stand Holland auf dem Programm, mit Eltern und Geschwistern. Also die volle Dröhnung – und dann auch noch auf einem Campingplatz! Allein der Gedanke daran machte mich kirre. Nicht wegen des Campings, sondern weil ich mich viel zu erwachsen fühlte, um noch mal mit der ganzen Familie zu reisen. Aber meine Eltern ließen sich nicht abbringen und verweigerten mir sowohl einen eigenen Urlaub als auch daheim zu bleiben. »Du bist erst fünfzehn«, belehrte mich meine Mutter. Richtig. Fünfzehn! Wenn es wenigstens Spanien oder Italien gewesen wäre. Aber Holland!? Musste es unbedingt Holland sein? Nach Namibia war das total langweilig. Meine Eltern setzten sich natürlich durch, denn wenn es um Erziehung ging, waren sie selten bereit, irgendwelche Kompromisse zu verhandeln. Zum ersten Mal kam der Wunsch in mir auf, Armprothesen zu probieren, nur um mal richtig auf den Tisch hauen oder mich mit meinen Eltern prügeln zu können. Ich wollte meinen Eltern auch körperlich zeigen, wie sehr ich mich über sie ärgerte.

Schließlich ging die Reise los. Mit unserem Familien-Bus und dem Wohnwagen auf der Autobahn in einem Schneckentempo, sodass selbst die großen Lastwagen zum Elefantenrennen ansetzten! Es war erniedrigend! Es war beschämend. Auf dem Campingplatz angekommen wurde dann – wie tausend

andere Male zuvor – erst einmal das Familien-Camp errich-
tet. Vorzelt, Esstisch, Sonnendach – alles, was eben zu solch
einem Camping-Camp dazu gehört. Unser Wohnwagen war
eher praktisch als besonders groß, aber er tat so, als wäre er
Schlafzimmer für sieben (!!!) Personen. Spinnen, Fliegen und
Mücken nicht mitgezählt, die uns oft nächtelang wach hielten. Meine Eltern hatten ihr Doppelbett auf einer Seite und
wir fünf Kinder schliefen im anderen Trakt. Es war wahnsinnig eng und miefig, denn zu allem Überfluss ließ sich dieses
wandelnde Schlafzimmer nicht einmal richtig belüften. Morgens muss das Ergebnis unserer Ausdünstungen im Inneren
des Wohnwagens schlimmer gewesen sein als in jedem Raub-
tiergehege. Also flüchtete ich so oft wie möglich ganz früh
ans Meer. Hoch oben auf dem Deich fühlte ich mich wohl,
hier konnte ich kilometerweit spazieren fahren, das Meeres-
rauschen und die frische Luft genießen. »Hätte mein Rollstuhl
doch bloß schwimmen können«, dachte ich mir oft, wurde
aber immer wieder durch die pure Realität brutal aus meinen
Tagträumen gerissen.

Meine Eltern hatten sich mit einem befreundeten Paar und
deren zwei pubertierenden Töchtern in Holland verabredet.
Nach der »Männerzeit« in Namibia war das für mich eine
echte Herausforderung. Praktisch hing ich den ganzen Urlaub mit diesen beiden Mädels plus meiner Schwester ab. Das
war öde. Sehr öde. Die anderen Kinder bildeten sozusagen die
Zwergen-Gang. Ich, allein unter Frauen – aber ja doch, auch
auf diese Art kann man sein Schwulsein entdecken.

Verkehrte Welt

Während dieser Wochen fiel mir vor allem ein Typ auf, der permanent an unserem Wohnwagen vorbeikam, weil er nur zwei oder drei Wohnwagen weiter wohnte. Er spazierte vorbei, holte oder brachte was, saß auf dem Fahrrad, war in Badehose oder trug eine hellgraue Hose, ein weißes T-Shirt und eine weiße Baseballkappe. Sie merken schon: Ich habe das Bild genau abgespeichert. Er war etwas älter als ich, siebzehn vielleicht, schlank gebaut und hatte blondes Haar. Sein Gesicht wirkte freundlich und seinem Lächeln konnte man nicht widerstehen. Ich beobachtete ihn immer aus den Augenwinkeln und aus sicherer Entfernung. Ihn ansprechen? Das traute ich mich nicht. Was hätte ich denn auch sagen sollen? Irgendwann registrierte ich mit einigem Erstaunen, dass ich ihm sogar vom Wohnwagen aus nachsah. Richtig klassisch, hinter der Gardine. Das war ein Moment wie damals vor dem Spiegel … »Was ist denn um Gottes Willen hier los?«, fragte ich mich, dachte aber nicht weiter darüber nach. Meiner Mädels-Gang gefiel der Typ ebenfalls, aber sie sahen auch anderen Männern und Jungs hinterher und kommentierten eifrig. Die ältere von beiden war sogar schon dazu übergegangen, ihre Bedürfnisse in die Tat umzusetzen: Sie hatte einen richtig echten Flirt, an dem sie uns natürlich in allen Details teilhaben ließ.

»Und dann hat er gesagt …«

»Und dann hat er … gemacht.«

»Und er hat mich angeschaut …«

Das machte Spaß, ich stieg voll ein und merkte gar nicht,

wie ich mich immer ausführlicher und intensiver über Männer unterhielt.

»Wow, der sieht doch …«

»Bestimmt hat der …«

»Ich finde, der sollte das und das tragen!«

»Ich finde ihn voll sexy in seinen Shorts!«

Es war der pure Genuss. Sozusagen aus der Deckung heraus konnte ich mich über mein aktuelles Lieblingsthema auslassen: Männer! Ich redete bei den Mädels mit, was das Zeug hielt, und wurde in ihren Augen zu dem süßen Frauenversteher, der ich ganz und gar nicht war. Damals – eigentlich darf man so etwas ja gar nicht erzählen – fing ich sogar an, heimlich die BRAVO zu lesen, wegen der Nacktbilder. Ob da heute auch noch welche drin sind? Ich müsste direkt einmal schauen. Aber diese drei Punkte: Namibia, Holland, BRAVO – machten selbst mir Blindem irgendwann deutlich: Ich war nicht nur körperlich »anders«, sondern auch »sonst«. Na, bravo!

Ich habe zunächst mit niemandem darüber geredet. Denn mir war das peinlich und irgendwie brach in mir eine Welt zusammen. Bislang war ich davon ausgegangen, eine Frau zu heiraten, mit ihr eine Familie zu gründen, ein Haus mit Vorgarten samt Apfelbaum und einem schicken Auto in der Garage zu haben. Ich wollte zwar nie wirklich eine eigene Familie, doch ein Weltbild wurde trotzdem zerstört: Keine Frau, keine gemeinsamen Kinder, kein »normales« Leben. Wo sollte es hingehen mit mir? Ich war mehr als verwirrt. Aber immerhin: für den Vorgarten und den Apfelbaum war es noch nicht zu spät!

Viel hatte ich noch nicht davon gehört, dass sich auch zwei Männer lieben können. Ein wenig stand in der BRAVO, aber das half mir nicht wirklich. Was würden andere darüber denken? Zunächst einmal versuchte ich, es zu verdrängen, mich auf die Mädels zu konzentrieren. Ob man sich wohl dazu zwingen kann, Frauen zu lieben? Ist Liebe steuerbar? Kann ich meine Gefühle beeinflussen? Das erschien mir die einzige Möglichkeit! Als Rollifahrer würde ich es doch eh schwieriger haben mit der Liebe! Wie sollte das denn mit Männern funktionieren? Würde ich vielleicht sogar Freunde verlieren?

Die Jungs des Campingplatzes und der BRAVO wollten mir aber nicht mehr aus dem Kopf gehen – und nach dem Urlaub stellte ich auch fest, wie sehr ich mir unterbewusst auch schon meine Gedanken zu Mitschülern gemacht hatte. Als ich dann Internetcafés für mich entdeckt hatte, las ich mich immer mehr ins Thema ein, bestellte mir Broschüren und Infomaterialien. Sie ermutigten alle dazu, seine Gefühle zuzulassen, sich nicht zu verbiegen und gesellschaftlich anzupassen. Das war aber nicht, was ich wollte! Nirgendwo stand etwas dazu, wie sich Rollstuhlfahrer verhalten sollten und ob für sie dasselbe gilt. Ansprechpartner gab es sowieso nicht. War ich denn der einzige auf dieser Welt? Ich fühlte mich einsam, hätte mich gerne mit anderen ausgetauscht. Aber da waren keine anderen!

Selbstbeobachtung

Lange beobachtete ich mich und meine Vorlieben, bewegte meine Gedanken hin und her, um sie dann doch wieder zurückzudrehen. Mit jemandem zu reden hätte bedeutet, die Möglichkeit, schwul zu sein, zuzulassen. Doch meine Gefühle wurden immer stärker und klarer, je mehr ich in mich hinein horchte. Kann ich sie am Ende gar nicht überlisten? Sind sie vielleicht einfach da und liegt es an mir, mich so zu akzeptieren? Langsam bekam ich ein Bild von mir. Sollten die anderen doch denken, was sie wollen! Schließlich konnte ich mich um das Thema nicht mehr herummogeln.

Der entscheidende Moment kam, als in der Schule ein neuer Mitschüler in meine Klasse kam. Jan, der gerade aus Süddeutschland nach Bochum gezogen war und jetzt ganz in meiner Nähe wohnte. Er stieß in der neunten Klasse zu uns und wir freundeten uns schnell an. Natürlich gefiel er mir und ich malte mir aus, dass vielleicht mehr zwischen uns passieren könnte. Ich fühlte mich irgendwie zu ihm hingezogen, ohne dass ich es begriffen – geschweige denn zugegeben – hätte. Mehr und mehr drängte es sich mir auf, mit ihm darüber zu sprechen. Natürlich verbunden mit der Hoffnung, dass er sagen würde: »Ich dich auch!«

Es dauerte ewig, bis ich die richtigen Worte fand. Ich zierte mich wahnsinnig, erging mich in schwülstigen Andeutungen und beiläufigen Nebensätzen – Jan wurde schon ganz hibbelig. Eine riesige Geheimniskrämerei.

»Nun lass es doch raus!«, forderte er mich auf, aber ich traute mich nicht. Bis es eines Tages aus mir herausbrach.

Geständnisse, für die man in Gedanken Kerzenlicht einplant, passieren meist in ganz banalen Situationen. Bei mir war es genauso. Wir hatten gerade eine Freistunde und waren Pommes essen in einem Imbiss. Auf dem Rückweg würgte ich es dann heraus… Damit war es in der Welt und ich furchtbar aufgeregt auf das, was er antworten würde. Ich begann leicht zu zittern, und obwohl nur Millisekunden vergingen, fühlte sich die Zeit bis zu seiner Reaktion an wie eine Ewigkeit. Hatte ich jetzt einen guten Freund verloren? Würde er sich kalt abwenden und mich stehen lassen? Davor hatte ich riesige Angst gehabt, denn Jan gehörte schon zu der Zeit so fest in mein Leben wie ich selbst oder meine Familie. Er reagierte total cool.

»Ist doch kein Problem!«, sagte er und knuffte mich brüderlich.

Das allerdings war es ja nun nicht, was ich wollte: Brüderlichkeit. Unterschwellig hatte ich mich auch deshalb outen wollen, um sein Outing zu provozieren. Doch da er hetero war und ist, kam nichts in der Richtung. Nicht einmal eine Andeutung. Ich ließ nicht nach und versuchte es über andere Wege: »Was ist deine Lieblingsmusik?«, fragte ich ihn kurz darauf. Aber auch hier keine Chance, er nannte nur Frauen, keine hübsche Boygroup. Trotzdem wusste er es nun.

»Es ist streng geheim!«, beschwor ich ihn. »Du darfst niemandem davon erzählen.« Ich hatte wahnsinnige Angst davor, dass ich vielleicht ausgelacht werden würde, und gleichzeitig fühlte es sich an, als fiele mir ein Stein vom Herzen. Wenigstens hatte ich jetzt jemanden, mit dem ich über meine Gefühle für Männer reden konnte. Einen, dem ich sagen konnte:

»Hey, wenn du mit anderen Jungs über Mädchen redest, dann interessiert mich das nicht die Bohne.« Das allein tat schon gut und war sehr erleichternd. Ab jetzt teilten Jan und ich ein Geheimnis, das ihn für mich noch wichtiger machte und uns zusammenschweißte.

Aber wie das so ist: Geheimnisse werden schneller ausgeplaudert als eine Information ohne den Zusatz: »Behalt' das bloß für dich!« Jan sprach mit seiner Freundin darüber. Auch ich war mit dem Mädchen befreundet. Wir waren eine Viererclique, die schnell zu einer zweiten Familie für mich geworden war. Als wir dann gemeinsam auf der Schwäbischen Alb im Urlaub waren, erfuhren es die beiden Mädels auch offiziell von mir und es kam immer mehr der Wunsch auf, es auch meinen Eltern zu offenbaren. Es war ja eh schon in der Welt. Mir fehlte allerdings die Gelegenheit, weshalb ich mir vornahm, es meinen Eltern zu sagen, sobald es aktuell, sprich sobald ich einen Freund haben würde.

So schnell kam der Moment aber nicht, und so beriet ich mich oft und lange mit Jan, was ich tun solle. Ich erzählte ihm, dass ich mich unwohl damit fühlte, mein Geheimnis weiter zu verstecken und nicht wirklich der sein zu können, der ich sein wollte. Mir war klar, dass es so nicht weitergehen konnte, dennoch gingen einige Monate ins Land. Monate, in denen ich ein Leben vorgab, das nicht meines war, nur um dazuzugehören und weil ich mich nicht traute. Jan unterstützte mich in dieser Zeit sehr und ermutigte mich, es endlich öffentlich zu machen, um mich selbst aus der Enge des Geheimnisses zu befreien.

Mit großem Interesse klickte ich mich durch SchülerVZ, um vielleicht Spuren von Gleichgesinnten zu finden. Das war so etwas wie Facebook für Schüler. Als ich dann von einem Schüler hörte, der auf seinem Profil nur vermerkt hatte: »Ich bin mit dem hübschesten Mann der Welt zusammen«, überlegte ich, dass das vielleicht gar keine so blöde Idee ist, mein Outing über SchülerVZ laufen zu lassen. Zudem gab es die Möglichkeit, in den Einstellungen hervorzuheben, nach welchem Geschlecht man Ausschau hält. Privatsphäre hin oder her. Nach einem erneuten und ewigen Telefonat, in dem es hin und her ging mit meiner Meinung, sagte Jan schließlich: »Mach' es einfach! Du wirst sehen, wie erleichtert Du danach sein wirst!« Mutig gab ich daraufhin meine Präferenz an und schrieb dazu: »Ich bin auf der Suche nach dem hübschesten Mann der Welt!« Dann loggte ich mich aus und ging schlafen.

Damals konnte man bei SchülerVZ noch verfolgen, wie viele Profilaufrufe man hatte. Innerhalb von drei Tagen verzehnfachte sich die Menge. Am ersten Tag waren es 40 und nach drei Tagen über 500. Und die Gerüchteküche in der Schule brodelte. Das hatte ich nicht bedacht. Ebenso wenig wie die Tatsache, dass nicht nur schöne Männer, sondern auch meine Schwestern bei SchülerVZ angemeldet waren. Noch hatten sie meinen Eintrag zwar nicht gelesen, doch das Getuschel war unüberhörbar. Waldorfschulen sind bekannt dafür, dass der Flurfunk wahnsinnig gut funktioniert. Zuverlässiger als bei der Post ging die Nachricht herum wie ein Lauffeuer: Janis ist schwul! Meine jüngere Schwester, mit der ich mich gut verstand, wollte mich natürlich verteidigen und hielt dagegen:

»Janis ist nicht schwul! Was soll denn der Scheiß?« Innerlich kamen ihr aber Zweifel – und statt mich zu fragen, ging sie zu meinem Vater. Sie erzählte ihm von den Gerüchten und dass sie nicht wüsste, wie sie mich verteidigen sollte. Der Flurfunk machte so auch vor meiner Familie nicht Halt und war schneller zu Hause, als ich mit meiner Durchschnittsgeschwindigkeit von 10 km/h dort ankommen konnte. Mein Vater reagierte aber gelassen und meinte: »Frag ihn doch einfach!« That's it. Das Beste, was man bei Gerüchten machen kann, ist, direkt nachzufragen. Sie traute sich allerdings nicht, kam dann aber mit einer süßen Idee, die mein Bruderherz sehr berührte. Sie schrieb mir einen Brief, den sie mir auf dem Weg zur Schule zusteckte.

»Erlösung« durch meine Mutter

»Stimmt das denn?«, lautete die Quintessenz des Briefes. »Aber eigentlich ist es auch egal, weil du so oder so mein großer Bruder bleibst.« Ich war damals schon in der zwölften Klasse und sie drei Jahre jünger. Noch auf dem Schulweg gabelte ich sie auf. Was sie mir da geschrieben hätte, wäre total nett – und ja, es würde stimmen. »Du brauchst mich nicht zu verteidigen, denn ich habe kein Problem damit, schwul zu sein.«

Nun wurde auch meine Mutter aufmerksam. Sie hatte mitbekommen, dass mein Vater und meine Schwester sich über etwas »Geheimes« unterhalten hatten, und wurde neugierig. Mütter kriegen so etwas immer sehr schnell mit. Natürlich wollte sie jetzt von meiner Schwester wissen, was denn los sei.

Meine Schwester weigerte sich zwar, etwas zu verraten, aber dann presste meine Mutter in ihrer unnachahmlichen Art doch alles aus ihr heraus. Als ich am Nachmittag nichts Böses ahnend von der Schule heimkam, lauerte sie mir mit harmlosem Blick auf der Terrasse auf.

»Gibt es etwas, das du mir sagen möchtest, Janis?«

»Nö. Eigentlich nicht«, denn ich hatte Hunger. Und ich wusste in dem Moment auch gar nicht, was sie meinte. Ich rechnete schon damit, dass sich wieder irgendeiner unserer Lehrer bei meinen Eltern beschwert hatte, dass ich ihn mal wieder mit meinem Engagement als Schülersprecher überrannt hatte.

»Ich habe um drei Ecken gehört, dass du schwul bist?«

Oh je.

»Es würde mich so für dich freuen!«

»Wieso denn *dich*?«

Und statt endlich gemeinsam Mittag zu essen, kam meine Mutter so ins Schwärmen, als wäre sie selbst gerne einmal schwul gewesen.

»Toll, toll, toll!« Sie umarmte mich. »Ich wollte schon immer mal einen Schwulen kennenlernen!«

Sie war komplett begeistert. Anfangs war mir das sehr unangenehm, weil ich mit meinen Eltern nie wirklich so vertraut gewesen war, dass wir über intime Gefühle oder gar über Sex gesprochen hätten. Deswegen ja auch die BRAVO. Plötzlich erinnerte ich mich an eine Situation. Wir waren ein paar Jahre zuvor auf Föhr in einer Jugendherberge gewesen, und neben unserem Tisch frühstückten zwei Frauen mit ihren Kindern.

Meine Eltern hatten Kommentare abgelassen wie »Ach, guck mal. Zwei Frauen. Das ist auch ganz nett und ganz toll und ganz natürlich und ganz normal.« Hatten sie schon damals etwas geahnt, am Ende auch von mir? Auf Föhr empfand ich das Ganze als sehr seltsam. Meine Eltern sprachen davon, dass sie tolerant seien und dass ich mir keine Sorgen machen müsse. Ich machte mir aber Sorgen, weil ich überhaupt nicht verstand, was sie von mir wollten. Auch jetzt war mir das Gespräch unangenehm, weil eine solche Intimität zwischen mir und meiner Mutter befremdend war. Aber das Eis zwischen uns brach. Rückblickend weiß ich, dass unser Verhältnis sich von diesem Augenblick erheblich verbesserte. Sie war so begeistert, dass sie zu meinem Multiplikator wurde, erzählte es meinem großen Bruder und irgendwann auch meinen leiblichen Eltern. Weil alle ja soooo begeistert waren. Ich selbst fühlte mich von dem allgemeinen Interesse zuweilen ziemlich überrumpelt.

Natürlich gab es auch die ein oder andere negative Äußerung und auch Menschen, die sich mir gegenüber merkwürdig distanziert verhielten. Bei einem meiner Freunde machte ich mir große Sorgen, weil wir uns schnell auseinanderlebten, als er die Neuigkeit von mir erfuhr. Ich hatte es ihm nur in einem sehr langen Brief geschrieben, aber nie eine Rückmeldung bekommen. Zwar treffen wir uns ab und zu noch, aber »Freundschaft« kann man es wohl nicht mehr nennen. Ob es an meinem Brief liegt oder schlicht und ergreifend daran, dass wir älter wurden und andere Interessen entwickelten, weiß ich nicht. Aber im Großen und Ganzen waren die Reaktionen auf mein Outing in meinem direkten Umfeld sehr positiv und absolut unterstützend.

Meine Mutter war tatsächlich auch diejenige, die mich dann mehr oder weniger in ein schwules Jugendcafé zerrte. Sie hatte sich ein bisschen informiert über Anlaufstellen für Schwule und wusste, dass es in der Nähe eine Beratungsstelle für Schwule und Lesben gab. »Rosa Strippe«. Sie ging hin und kam fast euphorisch zurück. Die Leute dort seien tooootal nett und ich müsse da unbedingt mal hin. Sie bot mir an, mich zu fahren, denn mit öffentlichen Verkehrsmitteln wäre es zu kompliziert gewesen. Mein erster Besuch in einem Schwulencafé. Von Mutti kutschiert. Die Geschichte soll mal jemand toppen!

Ich hatte zunächst eine ziemliche Hemmschwelle, mich der ganzen Thematik anzunähern, zitterte regelrecht vor Angst und Aufregung. Deshalb bat ich auch meine Mutter, mich an der Ecke und nicht direkt vor dem Lokal abzusetzen. Danach traute ich mich minutenlang nicht, ins Café zu fahren, und fuhr stattdessen davor auf der Straße auf und ab. Flüchten oder bleiben? Bleiben oder flüchten? Irgendwann fasste ich mir ein Herz und klingelte tapfer an der Tür. Und dann nichts wie hinein in die gute Stube – natürlich ohne Mutti. Mit einem Schlag verflog die Angst und ein wahnsinniges Herzklopfen setzte ein. Glücklich angekommen und vom Glück erschüttert nippte ich an meiner Cola, beobachtete aus den Augenwinkeln die Leute um mich herum. Aber das war alles andere als flirten.

Dieser Spaß begann einige Zeit später, als ich mit einer

Freundin erst in Italien war und anschließend auf einer Oktoberfestveranstaltung in Berlin. Da gab es sehr viel Bier und noch mehr scheußliche Schlagermusik, die man wiederum nur ertrug, wenn man genug Bier intus hatte. Das half. Jedenfalls saßen wir auf diesen wackligen Bierbänken, die jeden Moment unter unserem Gewicht zusammenzubrechen drohten, wenn ich nicht bereits vorher unter den Tisch fallen würde. Ich konzentrierte mich also darauf, mich am Tisch anzulehnen und vor lauter »Er hat ein knallrotes Gummiboot« nicht den Verstand zu verlieren … und mit einem Mal saß mir jemand gegenüber. Netter und hübscher als all die anderen auf den Tischen tanzenden Schnapsdrosseln interessierte er sich obendrein auch noch – für mich!

So ist es bis heute. Ich gefalle, jemand gefällt mir, und wenn wir Glück haben, dann gefallen wir uns gegenseitig. Je persönlicher die Situation ist, bei der ich auf die Szene treffe, zum Beispiel in Vereinen oder im Sommercamp von *Lambda* (dem bundesweiten Netzwerk für queere Jugendliche), desto unkomplizierter und offener wird mit meiner Behinderung umgegangen und desto wohler fühle ich mich dabei.

Mittlerweile gehe ich natürlich auch aus und werde in der Disco von Leuten angesprochen, wie toll sie es finden, dass ich da bin und nicht auf dem heimischen Sofa vergammle. Fast mit Tränen in den Augen geben sie mir oft einen Kuss auf die Wange. Als sei ich ein kleines bemitleidenswertes Kind. Ich weiß dann nie so richtig, was ich darauf antworten, wie ich reagieren soll. Klar finde ich es auch toll, auf einer Party zu sein, aber das ist für mich ganz selbstverständlich. Ich wüsste nicht, warum das etwas so Besonderes sein sollte. Kopfschüttelnd gehe ich dann meist weiter. In den Diskotheken, in denen ich öfter bin und wo die Leute mich mittlerweile kennen, ist der Umgang entspannter, inzwischen werde ich auch in Hetero-Läden von süßen Typen angesprochen. In anderen Diskotheken, in die man arrogant im Hemd mit hochgestecktem Kragen geht, wenn man viel von sich hält, werde ich häufig skeptisch bis abwertend gemustert, ein merkwürdiges Gefühl, denn das kenne ich sonst nicht.

Auch mein Körper ist super – ein Unikat!

Ich bin schwul, da achtet man vielleicht mehr auf die Körper anderer Leute, wie auch auf seinen eigenen. Das ist bei mir nicht anders. Mir gefallen gut trainierte, schlanke und gepflegte Männer. Ich finde auch meinen Körper super, denn er ist ein absolutes Unikat und unverwechselbar. Das eröffnet mir viele Möglichkeiten, vor allem die, alles einfach mal anders zu machen und ein spannendes Leben und Liebesleben zu genießen. Doch der Körper ist nur ein Teil des Menschen. Ich finde, man verschenkt viele Möglichkeiten, wenn man sich nur darauf fokussiert. Für einen One-Night-Stand mag das reichen, dieser dauert aber eben nur eine Nacht! Und es bedarf einer gewissen Planung. Nicht jeder hat ein stufenlos-barrierefreies Gehäuse, in das man sich eben mal zurückziehen kann. Aber wo ein Wille ist, ist oft auch ein Weg.

Wenn ich mit Freunden unterwegs bin, ist das sowieso kein Problem. Wir sind als Team gut eingespielt und eine Treppe

Cool auf den Straßen Berlins. Ich liebe es, durch mein Auftreten andere zu überraschen – und wenn dabei noch coole Fotos entstehen, umso besser!

stellt sich uns nicht so schnell in den Weg, als dass sie etwas verhindern könnte.

Menschen und Männer kennenzulernen fällt mir im persönlichen Kontakt nicht immer leicht, doch ich habe gut trainiert. In kürzester Zeit ist mein Handicap vergessen und kein Thema mehr. Etwas einfacher ist es, wenn ich in Online-Netzwerken unterwegs bin, dort kann ich mich anonym bewegen, muss meinen Körper nicht zeigen und kann zunächst einmal ungehemmt flirten. Doch nach dem ersten Flirt, wenn es weitergehen soll, wird es schwierig, denn dann sind die Leute nicht darauf vorbereitet, dass jemand ohne Arme und Beine unterwegs sein könnte. Jemandem in einem Chat zu erklären, wer man ist und wie man lebt, ist deutlich schwieriger, als es im realen Leben erleben zu lassen. Oft können sich die Leute das nicht vorstellen, und nach einer kurzen »Unterhaltung« nach dem Motto: »Das ist für mich kein Problem«, oder »Wie kannst du denn schreiben?«, ist der Kontakt meist schnell erschöpft.

Im »richtigen« Leben habe ich damit kaum Probleme. Ich versuche einfach, offen und selbstbewusst auf die Menschen, die ich treffe, zuzugehen und mein Leben nach meinen Vorstellungen zu gestalten. Und die sind weit entfernt von Frau, Familie, Haus mit Vorgarten, Apfelbaum und einem grauen Kombi in der verstaubten Garage.

Ich bewege, also bin ich

Bewegung spielt eine große Rolle in meinem Leben – in mehr als einer Hinsicht. Beweglich zu sein, heißt für mich, lebendig zu sein. Einerseits. Andererseits war es mir schon von Kindesbeinen an ein Bedürfnis, Dinge zu bewegen. Ich war zwar außerhalb unserer vier Wände zum Teil ein ganz schüchternes Bübchen, sprudelte aber schon immer über vor Ideen, mit denen ich bereits im Sandkasten gerne meine Geschwister und Freunde infizierte. Wenn wir Mama-Papa-Kind spielten, gab ich am liebsten in der Rolle des Vaters den Ton an.

Als ich im Alter von etwa acht Jahren langsam anfing zu begreifen, wie die Welt »tickt«, wollte ich Bundeskanzler werden. Später begriff ich hingegen, den ganzen steinigen Weg dahin über Partei- oder Kommunalpolitik nicht gehen zu wollen. Das hatte für mich Dreikäsehoch überhaupt keinen Reiz, obwohl ich diejenigen stets bewundere, die ihre Freizeit dafür opfern, ich wollte jedoch lieber gleich Großes hervorbringen. Na ja, kleiner Mann auf hohem Ross, und so kam es, dass es mit der Politik und mir doch nicht geklappt hat. Nachdem ich mich vorher bereits aus nachvollziehbaren Gründen von der beruflichen Perspektive des Motorradpolizisten verabschiedet hatte, wandte ich mich nun realistischeren Berufszielen zu. Am Ende sollte ich mich für Wirtschaftswissenschaften entscheiden.

Aber eins nach dem anderen. Mein erstes wirtschaftliches Engagement fand in der dritten Klasse statt und die Idee dazu entstand im Handarbeitsunterricht. Hier wurden im Laufe der Waldorfschulkarriere von den Schülern nacheinander alle Kleidungsstücke, schön runter von Kopf bis Fuß, gefertigt. Aber wie geht bitteschön Handarbeitsunterricht ohne Hände? An der Waldorfschule geht das. Ich wollte unbedingt dabei sein und so war mein Ehrgeiz gepackt.

Handarbeit ohne Hände

Man brachte mir bei, wie ich aus unterschiedlichen Fäden bunte Kordeln herstellen konnte. Diese zusammengedrehten bunten Bänder, die man sich je nach Lust und Laune in die Haare flechten oder als Schnürsenkel verwenden kann. Ich ließ mir einen Apfelschäler am Tisch befestigen, verschiedenfarbige Fäden daran festbinden und dann konnte ich mit meinem kurzen rechten Arm loskurbeln. Meine Assistenz musste derweil das andere Ende der noch nicht fertigen Kordel in der Hand halten, bis ich fertig gedreht hatte. Langsam bekam ich Übung und produzierte auf Bestellung: »Eine Kordel in Schalke-Farben«, wünschte ein Klassenkamerad, und ich kurbelte am Apfelschäler, dass der Tisch nur so wackelte. Ob blau-weiß, grün-weiß oder rot-blau-weiß – für jeden Fußballfan war etwas dabei. Nur schwarz gab es nicht, das sei keine richtige und vor allem keine schöne Farbe, belehrte man mich. BVB-Fans konnten also nicht bedient werden.

Im nächsten Schritt modifizierte ich das Verfahren auf

meine Weise, indem ich den Apfelschäler durch einen Akku-schrauber ersetzte, meine Geschwister mit einspannte und dadurch ganz andere Produktionskapazitäten erzielte als in der bisherigen Art – man muss eben mit dem technischen Fortschritt gehen! Den Produktionsüberschuss verkaufte ich auf den bei Waldorfs üblichen Basaren und spendete das Geld für Projekte in Afrika.

In der vierten Klasse war das nächste Janis-Projekt dran. Ich gründete den bereits erwähnten »Kinderclub«. Wir malten Eulen und Meerkatzen, denn wir waren fasziniert von Till Eulenspiegel und seiner Raffinesse. In einer seiner Geschichten gibt Till sich als Bäckergeselle aus und fängt an, bei einem Meister zu arbeiten. Als dieser ihm eines Abends aufträgt, selbst zu backen, und Till ihn fragt, was er denn backen solle, antwortet der Meister mürrisch: »Eulen und Meerkatzen!« Als der Bäckermeister am nächsten Morgen sieht, dass Till ihn beim Wort genommen hat, wird er wütend, lässt sich den Teig bezahlen und verscheucht seinen Gesellen mitsamt dem Gebäck. Dieser aber verkauft seine Eulen und Meerkatzen auf dem Markt und füllt so seinen Geldbeutel.

Super Geschichte! Und was Till kann, das konnten wir schon lange. Wir fanden einen Bäcker, der – nach unserer Vorlage – Eulen und Meerkatzen für uns herstellte. Wir verkauften sie dann bei einem Schulfest und spülten so einen schönen Batzen Geld in unsere Clubkasse.

Einen Teil des verdienten Geldes spendeten wir und mit dem Rest konnten wir uns einen Wochenendausflug nach Wanne-Eickel finanzieren. Das war ein schönes Gefühl, so ganz ohne Elternzuschuss unterwegs zu sein und etwas auf die Beine gestellt zu haben.

Ab der achten Klasse habe ich angefangen, den Schülerrat zu frequentieren, mit dem Ziel, aus diesem Gremium heraus an der Schule oder auch auf Bundesebene etwas zu bewegen. Schüchtern, wie ich in für mich ungewohnten Situationen aber oft war, habe ich mir das Treiben erst einmal eine Weile angeschaut, ohne jemals den Mund aufzumachen. Ich habe meine Mitschüler beobachtet, wie sie diskutierten, welche Argumente sie ins Feld führten, wie sie sich verhielten, und alles aufgesogen.

Das ist meine Art zu lernen. Ich versuche, die Schritte der anderen nachzuvollziehen und überlege mir dann, wie ich's vielleicht noch besser machen könnte.

In der Zeit, als unser Haus renoviert wurde, wurde ich auf diese Weise zu einem kleinen Fachmann fürs Fliesenverlegen. Ich hatte stunden- und tagelang den Handwerkern bei ihrer Arbeit zugeschaut, sie durch meine Fragen oft zur Verzweiflung gebracht – und viel dabei gelernt.

Einschnitt

Im Laufe der Oberstufe veränderte sich mein Verhalten drastisch, ich hatte vorerst genug gelernt und begann mitzureden, statt immer nur zuzuschauen. Ein erster Anlass ergab sich, als in unserer Klasse über viele Wochen der Englischunterricht ausfiel, weil unsere Lehrerin sich den Arm gebrochen hatte. Als provisorische Lösung übernahm die Französischlehrerin den Unterricht. Leider klappte das nicht wirklich, weil sie zeitgleich die andere Klassenhälfte in Französisch zu unterrichten hatte. Das führte dazu, dass sie am Anfang jeder Stunde einfach nur Aufgabenblätter verteilte, die sie am Ende wieder einsammelte. Das war kein Unterricht, das war Beschäftigungstherapie, und die war für mich äußerst unbefriedigend. In Namibia hatte ich, was die englische Sprache angeht, Blut geleckt. Ich hatte erlebt, dass sich Sprache dadurch erlernen ließ, dass man sie sprach und nicht, indem man durch öde Regeln abgeschreckt wurde. Und jetzt sollte ich mich stundenlang mit diesen langweiligen Grammatik-Aufgaben befassen? Das passte mir überhaupt nicht. Das konnte ich unmöglich akzeptieren! Ich hatte auch bereits einen Lösungsvorschlag für den Unterrichtsengpass. Simon, meine Assistenzkraft, die mich damals in der Schule betreute, war gebürtiger Engländer. Warum sollte er uns nicht unterrichten? Das war doch der ideale Ersatz. Nun, ein klitzekleines Problem gab es dabei, denn Simon war kein an unserer Schule anerkannter Waldorflehrer.

Blöder Bürokratismus! Ich wollte der Schule zeigen: Hey Leute, wir haben hier jemanden, der ist englischer Muttersprachler. Warum in Gottes Namen darf der uns denn jetzt nicht unterrichten? Was soll denn das?

Ich tat mich mit meinem besten Freund Jan zusammen, und wir schrieben einen Brief, in dem wir einen anständigen Englischunterricht einforderten. Simon schlugen wir darin als Lehrer vor. Fertig ausformuliert, ließen wir den Brief in unserer Klasse herumgehen und unterschreiben, um ihn dann bei der Schulleitung abzugeben. Er schlug ein wie eine Bombe. Dass Neuntklässler auf ihr Recht auf Unterricht pochen und sich darüber beschweren, dass zu wenig davon stattfindet, das kannte man nicht – und etwas Angst machte es den Beteiligten wohl auch.

Die Diskussionen gingen durch alle Gremien der Schule, mit allem Drum und Dran. Der Gipfel war die Anberaumung eines sogenannten Eltern-Schüler-Lehrer-Gesprächs. Ganz große Nummer! Als ich zufällig davon erfuhr – denn persönlich wollte man mich erst kurz vorher informieren – gingen bei mir alle Alarmglocken an. »Ach du Scheiße, jetzt musst du als kleiner Neuntklässler vor versammelter Lehrer- und Elternschaft antanzen und dich vor der ganzen Truppe rechtfertigen!« Ich war wahnsinnig aufgeregt, wusste im ersten Augenblick nicht, was ich tun sollte, und ärgerte mich, dass ich diesen verdammten Brief geschrieben und damit solche Reaktionen ausgelöst hatte. War das wirklich die richtige Entscheidung gewesen? Je mehr ich darüber nachdachte, desto mehr begann ich zu zittern.

Aber ich ließ mich doch nicht ins Bockshorn jagen. Als Erstes erzählte ich meinen Eltern, was da im Gange war. Die standen zum Glück voll hinter mir. Und so fiel es mir recht leicht, auch andere Eltern und Schüler ins Boot zu holen. Ich habe mit jedem gesprochen, der bei drei nicht auf den Bäumen war. Das war eine richtige kleine Kampagne, die ich da veranstaltete. Am Ende waren bei dem Gespräch, bei dem man uns zur Ordnung rufen wollte, alle Klassensprecher und Vertrauenseltern anwesend – was für ein schöner Rückhalt für mich!

Schließlich wurde Simon vertretungsweise unser Lehrer und ich war stolz wie Oskar.

Irgendwie hatten mich Namibia und mein erster großer Beschwerdebrief auf eine phänomenale Art und Weise verändert. Ich würde nicht sagen, dass ich danach gar nicht mehr schüchtern war, in vielen Lebensbereichen bin ich es bis heute. Aber wenn es darum geht, für eine Sache zu kämpfen oder für etwas einzustehen, was ich für sinnvoll und nützlich halte, oder etwas zu verändern, dann lege ich seitdem einfach los.

Kurze Zeit darauf – den Rückenwind der Briefaktion nutzend –, ließ ich mich zur Wahl des Schülersprechers aufstellen. Ich wurde gewählt und behielt das Amt bis zum Abitur. Auch in dieser Funktion gab es immer wieder Kämpfe auszufechten und die Notwendigkeit, einen Weg unbeirrt zu gehen. Das hat mich gelehrt, selbstständig zu handeln und auch gegen Widerstände meine Meinung zu vertreten – auch wenn es nicht immer spaßig war, so bekam ich doch zunehmend Übung darin.

Ich erinnere mich an eine spezielle Geschichte. Es ging um einen Kaffeeautomaten, den wir Schüler aufstellen wollten, der aber nicht ins Waldorfkonzept passte. Es hatten sich bereits Generationen von Schülern an dieser Geschichte die Zähne ausgebissen. Der dominante Gegenpart war der sogenannte Gestaltungsausschuss, sehr dogmatisch festgefahren: »Es passt nicht in eine traditionelle Schule, in der vieles mit Holz verkleidet ist, die Wände in bunten Farben gestrichen sind und in der es keine 90-Grad-Ecken gibt. Und dann soll so ein hochmodernes Gerät dahin? Passt das denn gestalterisch überhaupt ins Konzept?«

Dieser aus zwei Personen bestehende Ausschuss, der sich ausschließlich mit gestalterischen Fragen beschäftigte, entschied zu 50 % nein und legte damit das Projekt auf Eis. Doch da kannten sie mich noch nicht. In meiner Rolle als Schülersprecher machte ich lange Listen mit allen möglichen Lösungsvorschlägen. Von Holzverkleidung bis hin zu verschiedenen Standorten war alles dabei.

Was ich absolut nicht wollte, war, dass ihre alte Strategie wieder aufging, immer so lange die Füße still zu halten, bis die jeweilige Schülergeneration die Schule verließ. Ich hatte schon registriert, dass Antworten auf meine Vorschläge lange auf sich warten ließen. Also ging ich dazu über, in meinen Briefen eine Frist für eine Antwort zu setzen. Wenn diese überschritten wäre und ich keine Antwort erhalten hätte, würde ich das als Erlaubnis werten, den Kaffeeautomaten aufzustellen.

Mit so viel Selbstbewusstsein hatte man nicht gerechnet. Innerhalb kürzester Zeit hatten wir unseren Wunsch durchgesetzt und konnten den Automaten aufstellen. Ein Riesenerfolg, der mit einer Tasse Kaffee gefeiert werden wollte – dabei war ich überhaupt kein Kaffeetrinker. Ich zwang die Brühe meine Kehle herunter und freute mich über meine spürbar gewachsenen Ellenbogen.

Der Erfolg dauerte aber nicht lange: Wir durften zwar einen Automaten aufstellen, jedoch nur für eine gewisse Probezeit. Danach wurde er von den Hausmeistern selbstständig wieder abgebaut – entgegen geltender Beschlüsse!

Erste Firma

Zu etwa derselben Zeit gründete ich mit ein paar Freunden eine Schülerfirma. An unserer Schule gab es viele Veranstaltungen, bei denen Kaffee und Kuchen, Imbisse und Getränke für einen guten Zweck verkauft wurden. Die Elterninitiative, die für die Organisation zuständig war, hatte sich im Lauf der Zeit aufgelöst und nichts funktionierte mehr richtig. Immer fehlte etwas, selbst das Geschirr war nur noch aus Pappe oder Plastik – bei Waldorfs! In diese Lücke stießen wir mit unserer »Geschäftsidee«, die wir dem Schulparlament vorstellten: ein Geschirrverleih-Service.

Die Idee kam gut an, das Parlament stimmte in allen Punkten zu und los ging es. Mithilfe eines Gründerkredits meiner Eltern kauften wir Geschirr, entwarfen ein Info-Paket und organisierten alles, was für einen reibungslosen Ablauf nötig war. Wir nahmen Anmeldungen für Veranstaltungen entgegen, organisierten Ausgabe und Rückgabe des Geschirrs, führten Listen über Einnahmen und Ausgaben und – last but not least – Statistiken über das zerschlagene Geschirr (das Ergebnis dieser Statistik war übrigens besonders interessant, denn wir fanden heraus, dass ausgerechnet eine unserer Lehrerinnen das meiste Geschirr zerdepperte!).

Im ersten Jahr erwirtschafteten wir die stramme Summe von 561 Euro, im zweiten Jahr hatten wir unseren Gewinn bereits um fast 30 Prozent auf 720 Euro gesteigert. Wir fühlten uns auf dem Siegertreppchen – in der Mitte!

Durch die Schülerfirma habe ich zum ersten Mal gemerkt, dass mir aktives Wirtschaften und die Arbeit mit einem Team unheimlich Spaß machen. Zu sehen, wie aus einer einfachen Idee ein kleines Unternehmen entstehen kann, ist toll. So begann ich, mich auch für größere wirtschaftliche Zusammenhänge zu interessieren. Wie motiviert man Menschen, Dinge zu tun, die einem gemeinsamen Zweck dienen? Welche Strategien wenden große Unternehmen an? Wie fühlt es sich in diesem großen Kontext an, eine gemeinsame Aufgabe zu haben, die alle zusammen voranbringt? Es gibt in unserem Alltag kaum einen Bereich, in dem Wirtschaft nicht auf irgendeine Art eine Rolle spielt, und ich wollte mehr darüber wissen.

In der Waldorfschule lernt man zwar Hilfreiches für das Leben in einer Gemeinschaft, aber wie Wirtschaft funktioniert, sagt einem dort keiner. Also musste ich bis zur Uni warten, um all das zu lernen und meinem Wunsch, etwas Großes zu bewirken, näher zu kommen. Drei gesellschaftliche Anliegen liegen mir sehr am Herzen. Erstens, die Verbreitung der Waldorfpädagogik. Ich bin absolut überzeugt, dass Kinder dort Dinge lernen, die fürs Leben elementar wichtig sind. Auch Kindern anderer Länder sollte diese Pädagogik ermöglicht werden.

Zweitens trete ich gegen sexuelle Diskriminierung ein. Ich weiß, was es bedeutet, in Deutschland schwul zu sein. Deshalb bin ich ehrenamtlich im Vorstand des bundesweiten Jugendnetzwerks *Lambda* für junge Lesben, Schwule, Bisexuelle und Trans*-Menschen aktiv. *Lambda* gibt Menschen unterschiedlicher sexueller Identität und Orientierung eine Stimme und engagiert sich auf allen gesellschaftlichen Ebenen.

Ich bin der personal- und finanzverantwortliche Vorstand und freue mich sehr darüber, dass ich Verantwortung für etwas übernehmen kann, das mir sehr am Herzen liegt. Wir organisieren viele Projekte und unterschiedlichste Aktionen, europäische Jugendbegegnungen sind ebenso Teil wie Jugendgruppen in verschiedenen Orten, die wir miteinander vernetzen. Unser ehrenamtliches Peer to Peer Beratungsprojekt »IN & OUT« berät und hilft anderen Jugendlichen in schwierigen Situationen oder bei Fragen, das eigene Leben betreffend. Und unsere Verbandszeitschrift »Out!«, die ebenfalls weitgehend ehrenamtlich erstellt wird, berichtet und schreibt zu vielen interessanten Themen, die unsere Zielgruppe betreffen. Ganz nebenbei lerne ich hier praktisch Dinge, die ich in der Uni – wenn überhaupt – nur rein theoretisch mitbekomme: Wie führt man ein Bewerbungsgespräch? Wie trifft man eine Personalauswahl? Wie laufen Personalgespräche ab? Wie sehen Finanzpläne aus?

In meinem dritten großen Anliegen geht es um Menschen mit Behinderung. Vor allem um Rollstuhlfahrer. Klar, ich bin selbst einer dieser Fahrer, aber gleichzeitig spüre ich eine Verantwortung für andere. Mit Einsatz, Durchhaltevermögen und einer gewissen Art von Penetranz kann innerhalb unserer Gesellschaft eine Verbesserung für behinderte Menschen erzielt werden. Davon bin ich absolut überzeugt und mache mich gerne dafür stark. Das Bild des hilflosen Rollstuhlfahrers, der immer nur nimmt, aber nie etwas zurückgibt, trifft ganz bestimmt nicht immer zu. Menschen mit Behinderung sind, genauso wie andere, Führungskräfte und Leistungsträger unserer Gesellschaft, gehen arbeiten, bewirken viele geniale Veränderungen oder ändern einfach mal den Blickwinkel ihrer Mitmenschen. Dass die Themen häufig ausschließlich unter einem sozialen Hilfe-Blick betrachtet werden, stört mich. Es stachelt mich aber auch an, diesen Blick um 180 Grad zu drehen. Ich sehe mich nicht als jemand, der immer nur nimmt, statt zu geben. Wo ich nehmen muss, nehme ich gerne. Aber noch viel lieber gebe ich, wo ich geben kann.

Schließlich habe ich noch ein viertes, sehr wichtiges Anliegen. Ich möchte jedem Menschen Mut machen, Grenzen zu verschieben und vermeintlich Unmögliches möglich zu machen. Im Job und im Alltag – so wie ich es selbst immer wieder mit einigem Erfolg versuche.

Manche Dynamik fängt mit einer ganz kleinen Bewegung an, vielleicht mit jemandem, der seine inneren Widerstände überwindet und schließlich über seinen Schatten springt. Daraus folgt dann etwas Größeres. So ist es mir bei einer meiner ersten Diversity-Veranstaltungen ergangen, in der es auch um die Verbesserung der Chancen von Frauen, Älteren, sexuellen Minderheiten oder Menschen mit Behinderung ging. Ich, der unerfahrene Student, saß im Publikum und lauschte der Diskussion über Vielfalt in unserer Gesellschaft. Aber Leute ansprechen oder mich zu Wort melden? So weit war ich noch nicht. Plötzlich kam der Moderator zielstrebig auf mich zu: »Wie kann ich Sie am besten begrüßen?« Etwas zittrig reichte ich ihm meine »Hand«, streckte ihm meinen Arm entgegen und verdeutlichte damit, wie Begrüßung bei mir geht. Wir unterhielten uns kurz, und ich spürte, dass er große Ziele im Kopf hatte und mich für seine Themen begeistern wollte. Er sagte, er nähme bei mir eine Bereitschaft wahr, für die Akzeptanz von mehr Diversity, also von mehr Vielfalt in unserer Gesellschaft einzutreten, ja für sie zu kämpfen. Ganz richtig erkannt, dazu war ich nicht nur bereit, das war mein Ziel. So lernte ich Gerd Kirchhoff kennen. Ich war überglücklich, jemanden gefunden zu haben, der mir helfen und mit dem ich zusammenarbeiten konnte. Bis heute konnten wir gemeinsam schon viel umsetzen – wären wir auf einer Autobahn, würden wir ständig Strafzettel wegen Geschwindigkeitsüberschreitung kassieren!

Eine Stiftung

Eines unserer aktuellen Projekte ist unsere neu gegründete Stiftung »Janis-unlimited!« – hier ist der Name Programm: grenzenlos wirken und bewirken. Wir wollen mit der Stiftung vor allem Barrieren in den Köpfen, aber auch ganz schlicht physische Barrieren abbauen. Wie Gerd sagt: »Alle Barrieren beginnen im Kopf.« Keine leichte Aufgabe, Beton ist biegsam, ihn kann man schnell verändern und aus einer Stufe eine Rampe machen. Schwieriger ist es aber, andere zum Umdenken zu bewegen. Die oft gehörten Ausreden, warum etwas nicht barrierefrei umgestaltet werden kann, haben uns überrascht. Mal ist der Denkmalschutz schuld, mal die Kommune oder der Eigentümer. Mal ist es das Geld oder die Zeit. Kurzum: Oft werden mehr Ausreden gefunden, als es Zeit und Geld kosten würde, einfach anzufangen.

Geprägt durch meine Erfahrungen in England, wo Barrierefreiheit und Denkmalschutz sich nicht im Wege stehen und es für Rollstuhlfahrer kein Problem ist, selbst alte Schlösser des 16. Jahrhunderts zu besichtigen – und zwar ohne dass die Barrierefreiheit dem Erscheinungsbild geschadet hätte – legten wir los. Wäre es nicht wunderbar, wenn man auch in Deutschland alle Kulturgüter besichtigen, Taxen nutzen und im Restaurant auf Toilette gehen könnte – und das alles völlig unaufgeregt, selbstverständlich?

Architekten, Stadtplaner, Straßenplaner, Arbeitgeber, Eisenbahner, Hotel- und Restaurantbesitzer, WC-Konstrukteure und solche, die es werden wollen – alle mal herhören: »Ich kann viel mehr, wenn ihr mich nicht behindert!«

Das ist unsere Botschaft, mit der wir wachrütteln wollen. Zeigen wollen, dass Gebäude und Städte für Menschen da sind – für alle Menschen! Wenn Barrierefreiheit gleich bei der Planung mitberücksichtigt wird, werden ich und Millionen anderer Menschen nicht mehr länger ausgebremst.

Herbert Grönemeyer singt: »Stillstand ist der Tod« – auf mich trifft das absolut zu und das Gleiche gilt für Langsamkeit! Ich möchte der Welt gerne zeigen, dass fehlende Gliedmaßen und eine sexuelle Orientierung, die nicht der Mehrheit entspricht, noch lange keine Gründe sind, zu kapitulieren, sich einschüchtern zu lassen oder andere zu diskriminieren. Ich bin da in einer guten Position – schon, weil ich meine Umgebung allein dadurch überrasche, dass ich überhaupt mal das Haus verlasse. In einer Position, die es mir erlaubt, anderen Mut zu machen und sie zum Nachdenken anzuregen – das alles vor dem Hintergrund meiner Biografie und meines Alltags.

Wo bekomme ich jetzt Beine her?

Als ich in der Pubertät war, kam ich irgendwann an einen Punkt, an dem ich sehr unzufrieden mit mir und meiner Umwelt war. Praktisch kein Tag verging, ohne dass es mit meinen Eltern Meinungsverschiedenheiten gab. Mehr als einmal knallten in dieser Zeit die Türen bei uns zu Hause und wurde mit der Faust auf den Tisch geschlagen.

Ich kann mich noch genau daran erinnern, wie ich eines Nachmittags nach einem solchen Crash im Wohnzimmer auf dem großen Sofa lag und mir nichts sehnlicher wünschte, als Arme zu haben, damit auch ich mal kräftig auf den Tisch hauen könnte.

Ich hatte die Schnauze gestrichen voll und »spintisierte« herum, wie es wohl wäre, wenn ich Prothesen hätte. Vielleicht könnte ich mit zwei Armen und zwei Beinen Dinge erreichen, die unter den gegebenen Umständen immer unerreichbar sein würden. Ich könnte meinem Tischnachbarn das Essen vom Teller klauen, einen Löffel von seinem Eis stibitzen oder bei Bedarf endlich mal jemandem in den Hintern treten. Das Problem, ich bräuchte ja eigentlich nicht nur eine, sondern vier Prothesen. Na ja, vielleicht tun es für den Anfang auch zwei Arme oder zwei Beine oder auch nur ein Arm wäre vielleicht schon genug. Egal, wie auch immer, es hätte bedeutet, ziemlich viel verändern zu müssen. Im Grunde war ja nicht nur mein Zimmer, sondern das ganze Haus auf mich und meine Bedürfnisse zugeschnitten, sodass ich ohne Prothesen überall zurechtkommen konnte. Hätte ich jetzt plötzlich welche gehabt, würde sich meine Umgebung verändern müssen. Mal mit, mal ohne wäre nicht gegangen, eine Entscheidung musste her.

Ein Testlauf wurde vorbereitet. Ich wollte mit Beinprothesen starten und ausprobieren, wie sich das anfühlt und ob ich damit überhaupt zurechtkomme. Viele Stunden trainierte ich, um mit diesen Dingern durch die Welt zu marschieren. Selbst anlegen konnte ich sie nicht, und hätte nicht ständig jemand hinter mir gestanden und mich festgehalten, wäre meine Nase schnell wieder auf dem Boden gelandet. Das erforderte höchste Konzentration, ein falscher Atemzug und ich kippte um. Nie im Leben hätte ich gedacht, dass es so schwer sein kann, in der ungewohnten Stehhöhe das Gleichgewicht zu finden und zu halten, geschweige denn mit solch langen Beinen zu laufen. Schließlich war ich vorher 15 Jahre lang auf eine ganz andere Art unterwegs gewesen. Ich kam mir wie ein betrunkener Seemann vor. Und der Wellengang in unserer Küche war so bedrohlich, dass ich mich krampfhaft an der Reling – unserer Küchenzeile – festhalten musste. Mein Ehrgeiz war gepackt, unbedingt wollte ich normal laufen – und übte und übte und übte.

Wie im Fitness-Studio

Es war ein bisschen so, als wenn ich jeden Tag ins Fitness-Studio ginge. Am Ende konnte ich mit den Prothesen laufen, wenn auch nur sehr langsam und nur auf wirklich glattem und ebenem Untergrund. Auf der Straße wäre ich schon über eine lose Bodenplatte oder einen kleinen Kieselstein gestolpert und hingefallen. Und – zack, da wäre es wieder gewesen: das »behindert Aussehen«. Ob es leichter gewesen wäre, wenn ich Bein- *und* Armprothesen gehabt hätte, weiß ich nicht. Vielleicht hätte ich die Balance besser halten oder mich, wenn ich das Gleichgewicht verloren hätte, auffangen können? Sehr viel wahrscheinlicher ist aber, dass ich mir diese Reflexe nicht hätte antrainieren können und beim Hinfallen meine Prothesen kaputt gemacht hätte.

Gut, »laufen« konnte man das also nicht nennen. Es war mehr ein technisches Einen-Schritt-vor-den-anderen-Setzen. Mehr hatte ich nach all der Zeit des Übens nicht erreicht.

Ich war extrem frustriert und enttäuscht – und die Prothesen taten unheimlich weh. Als mich dann zusehends die Motivation verließ, habe ich mir irgendwann gesagt: »Jetzt ist Schluss! Es bringt nichts, gegen etwas anzukämpfen, was ich nun mal nicht ändern kann.« Und der Traum von einem Leben mit Armen und Beinen war ausgeträumt. Ich erkannte, dass mein kurzer Arm, mein kurzes Bein, meine Nase, meine Zähne und mein Kinn genug waren. Sie waren sogar viel besser als irgendwelche künstlichen Tentakel. Zwar könnten neue Armprothesen-Modelle, wie man mir auf einer Messe vor Kurzem erklärte, »sogar spüren, wenn ein Becher, den sie halten, langsam gefüllt wird, und automatisch den Druck erhöhen«, doch das konnten mein Arm und meine Wange im Zusammenspiel auch. Kurzum: Ich begriff, dass ich gar nicht so arm dran war, wie ich in der Pubertät zwischenzeitlich gedacht hatte. Und ich habe durchaus auch überzeugende Methoden entwickelt, auf den Tisch zu hauen.

Meine Schuhe

Inzwischen sind die Prothesen für mich eine Art Sportgerät. Regelmäßig hole ich sie hervor, lasse sie mir anziehen – und dann stelle ich mir vor, auf einem Holzboot Richtung Amerika zu segeln – Gleichgewichtsübungen und Muskeltrainings von oft unbeanspruchten Muskeln sind eben doch sehr wichtig.

Ich habe es ja bereits erwähnt, das Letzte, was ich möchte, ist, »behindert« auszusehen. Deshalb will ich auch einen schicken Rollstuhl. Ich hätte ein Riesenproblem, wenn mein Rollstuhl nicht so stylish wäre, wie er ist. Er ist nicht nur Beinersatz, er ist ein Teil von mir, eine Erweiterung meines eigenen Körpers. Wenn er irgendwo anstößt oder unsanft behandelt wird, dann durchzuckt mich ein heftiger Schmerz. Wenn sich zum Beispiel im Bus oder in der Bahn jemand daran anlehnt – was öfter vorkommt, als man denkt –, ist mir das sehr unangenehm, dann fühlt es sich so an, als wenn sich jemand Fremdes bei mir auf die Schulter lehnt. Garderobe muss ich auch von Zeit zu Zeit spielen, wenn mir jemand mal eben, ohne mich zu fragen, eine Jacke hinten über die Lehne hängt oder einen Rucksack abstellt. In der Disko beispielsweise stellen Leute gerne mal ihre Bierflasche auf die Ablagefläche. Kennen Sie das Gefühl, wenn Ihnen jemand aus Versehen kaltes Bier in den Nacken schüttet? So ähnlich fühlen sich Bierflaschen auf meinem Rollstuhl an. Nur kann ich leider nicht nach hinten ausschlagen. Dafür kann ich aber meinen Sitz mitsamt der Ablagefläche nach hinten kippen. Wenige Sekunden später bin ich das Problem und mein »Gegner« sein Bier los – so funktioniert ein cooler Abgang! Würden Sie anderen einfach so Ihren Rucksack auf die Füße stellen, ihnen Ihre Jacke über die Schulter hängen oder ihnen ungefragt Ihr Bier in die Hand drücken? Sehen Sie – ich auch nicht.

Kleinere Kollateralschäden ließen sich jedoch nicht ganz vermeiden. Mein Rollstühle – der erste rot, der zweite sonnengelb – hatten immer schon nach kurzer Zeit an vielen Stellen ihre Farbe verloren. Steine, Abhänge, in mich hineinfahrende Bollerwagen – alles Hindernisse, denen ich mit Vollgas begegnete. Und sogar Rallye konnte man mit dem Ding fahren – inklusive Freunde auf der Ablage! So lange, bis man umkippte und die ganze Rasselbande auf dem Boden lag. Der Schrecken war groß, das Gewusel wild. Mit meinen Rollstuhl-Rallyes war ich glücklich in meiner ganz eigenen Welt. Dort war es lustig und ich amüsierte mich sehr. Besorgte oder ärgerliche Blicke meiner Kindergärtnerinnen übersah ich gerne einmal. Mein erster Rollstuhl – ich bekam ihn mit 19 Monaten – war dunkelrot und sehr klein, aber mit Motor! Er schien fast, als wäre er einem Puppenhaus entsprungen. Eben einem kleinen Menschen, der laufen möchte, »auf den Leib geschneidert«.

Ich erinnere mich nur vage daran, wie ich gelernt habe, den Rollstuhl zu benutzen.

Mein Eltern erzählen heute noch manchmal, dass, nachdem ich einige Zeit unfallfrei meine Runden durch die Wohnung mit all ihren Ecken, Türrahmen und – oh Gott – Glasschränken cruisen konnte und die angespannten Mienen meiner Mitmenschen langsam einem vorsichtigen Lächeln wichen, ich doch noch eine Frage hatte. Eine Frage, die mich sehr beschäftigte: »Wer läuft mich denn hier?« Dabei richtete ich meinen Blick nach unten, unter den Rollstuhl. Ich wollte ja sehen, welche Beine mich dort liefen.

Der Rollstuhl mit seinem Joystick und den vielen coolen Funktionen wurde mein Tor zur Welt. Ich hatte zwei Blinker und super Scheinwerfer, außerdem konnte ich die Sitzfläche hoch- und runterfahren und damit selbst bestimmen, wie groß ich sein wollte. Meine ersten Rollstühle konnten den Sitz bis auf den Boden absenken, sodass ich selbst ebenerdig ein- und aussteigen konnte. Den Bagger-Rollstuhl bekam ich erst später und heute bin ich sportlich so fit, dass ich bei normaler Sitzhöhe einsteigen kann. Trotzdem kann ich immer noch so groß sein, wie ich es gerade brauche. Toll! Begeisterung pur und Technik fast von Geburt an. Wer kann das schon von sich behaupten?

Von da an ließ ich meinen roten Flitzer nie mehr allein. Andere Kinder schrauben ihre Beine ja auch nicht ab, wenn sie abends zu Bett gehen! In mein Bett passte der Rollstuhl leider nicht mehr rein, dort übernachteten schon meine Kuscheltiere, die Puppe Lila und die zwei Braunbären, von denen mir der eine als Kopfkissen diente (und deshalb schon total platt gelegen war) und der andere so groß wie ich war und mir daher ständig den ganzen Platz auf der Matratze streitig machte. Die beiden hatten also schon die Ehrenplätze belegt, und so hatte der Rollstuhl das Nachsehen und musste sich wohl oder übel einen anderen Schlafplatz suchen. Damals, als unser Haus noch nicht barrierefrei war, musste der arme Rolli allein in der kalten Garage übernachten. Mehr als einmal wachte ich nachts auf und schlich in die Garage, um nachzusehen, wie es ihm ging.

Heute darf er selbstverständlich zu mir ins Schlafzimmer. Allerdings fliegt er raus, wenn er »schnarcht«. Das tut er immer dann, wenn er am Ladegerät hängt.

Und wenn ich jetzt noch fliegen könnte ...

Und so ist mein Rollstuhl schon damals ein ganz wichtiger Bestandteil meines Lebens und meines Körpers geworden – und es bis heute geblieben.

Das merke ich besonders dann, wenn ich mal auf ihn verzichten muss. Auch Rollstühle müssen in die Werkstatt. Wenn die Reparatur lange dauert und kein Ersatz bereit steht, ist das für mich wie ein Schlag in die Magengrube. Auf ein Auto kann man ja im Zweifel verzichten, aber auf seine Beine? Dann bin ich dazu verdammt, zu Hause zu bleiben oder mich mit einem Aktivrollstuhl schieben zu lassen, ohne dass ich mich selbstständig fortbewegen kann. Das ist kein schönes Gefühl. Freiwillig mache ich das nur im Urlaub, auf nur bedingt barrierefreien Routen durch Wüsten oder Dschungel (wofür ich dann natürlich durch außergewöhnliche Reiseerlebnisse entschädigt werde).

Wenn ich ohne meinen E-Rolli bin, fühle ich mich nicht

nur irgendwie unvollständig. Ich bin auch noch sehr viel abhängiger, weil unentwegt darauf angewiesen, von jemandem herumgeschoben zu werden. Um genau da hinzukommen, wo ich hin will, muss ich permanent Anweisungen geben: »Jetzt bitte noch einen Meter vor, nein, doch noch einen viertel Meter zurück.« Das ist sehr anstrengend – oft für beide Seiten. Und dazu kommt, dass ich mich dabei auf einem viel niedrigeren Niveau bewege, weil ich meine Sitzhöhe nicht verändern kann. Ich erlebe die Welt plötzlich ganz anders, nehme andere Gerüche wahr, und die Hektik da unten ist auch schlimmer, weil man über vieles nicht mehr hinwegsehen kann. Ich erlebe die Welt dann so, wie es »normalen« Rollstuhlfahrern täglich ergeht.

Dadurch, dass sich bei meinem Elektrorollstuhl die Sitzfläche hoch und runter fahren lässt, bin ich meist etwa auf der Höhe von Fußgängern, und das heißt, dass ich im Normalfall die Welt aus der gleichen Perspektive wie diese erlebe. In einem Aktivrollstuhl mit einer festen Sitzfläche bleibe ich immer auf einem niedrigeren Niveau – rein physisch natürlich, nicht mental. Das bedeutet auch, dass Gespräche mit Leuten nie auf Augenhöhe stattfinden. Ich muss nach oben reden und sie nach unten. Auf Dauer macht das nicht nur Nackenschmerzen, sondern auch stumm und einsam, denn wenn man sich nicht einfach mal so unterhalten kann, verzichtet man lieber auf Kommunikation. Bin ich mit einer Gruppe unterwegs, finden Gespräche außerdem in der Regel hinter meinem Rücken statt – die Fußgänger unterhalten sich, der Rolli wird vorne weg geschoben.

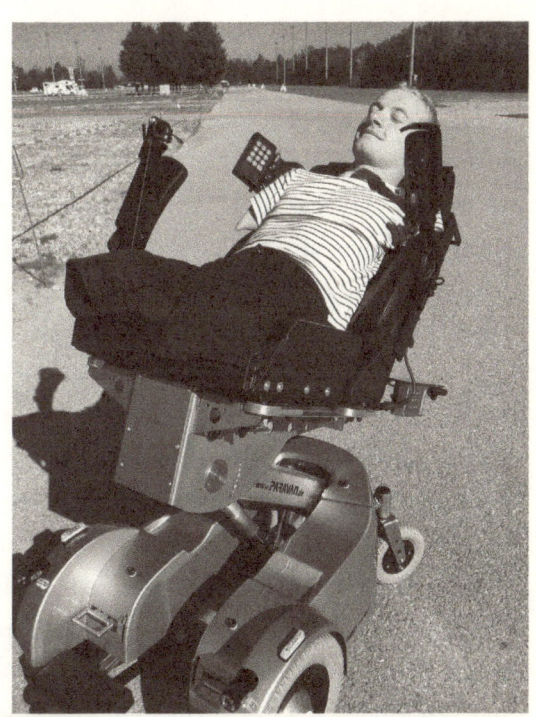

Zwar kann mein derzeitiger Rolli noch nicht fliegen, aber abgefahren sieht er trotzdem aus und Spaß macht er auch.

Geschoben werden heißt auch, sich dem »Schieber« und seinem Verständnis von Geschwindigkeit, Sicherheit, Abstand und Gruppendynamik anzupassen. Ich stehe wirklich nicht gerne mit dem Gesicht zur Wand, während sich hinter mir der Gesprächskreis bildet. Ich warte lieber, wenn gerade Autos kommen, anstatt noch schnell über die Straße zu holpern. Im Aktivrollstuhl lebe ich ein wenig das Leben einer Stoßstange oder eines Kühlergrills. Das macht Angst, Hektik und schlechte Laune, unabhängig davon, wie lieb der Mensch ist, der mich gerade durch die Gegend schiebt.

Alle paar Jahre brauche ich einen neuen Rollstuhl – immer auf dem neuesten Stand der Technik. Ich fange schon Monate vorher an, Kataloge zu wälzen, im Internet zu recherchieren und auf Messen zu gehen. Bis ich dann den richtigen gefunden habe, dauert es. Es gibt Modelle, die sich überhaupt nicht wie meine Beine anfühlen, sondern eher wie die Beine eines anderen. Das Modell, das mir am meisten Angst machte, kippte bei schnellem Anfahren ein wenig nach hinten. Eigentlich ganz praktisch, um Bordsteine hoch zu fahren, aber es fühlt sich an, als säße man auf einem wild gewordenen Pferd – nichts für mich.

Am wichtigsten ist mir die bereits erwähnte Höhenverstellbarkeit und die Möglichkeit, selbstständig ein- und auszusteigen – früher wurde dafür der Sitz mittels eines Zahnrads nach vorne und unten gehievt. Ziemlich abgefahren.

Echte Ingenieursleistung, bei der andere oft so große Augen machten, als sähen sie gerade einen Maybach durch die Fußgängerzone rollen. Leider war der Rest dieses Rollis so schlecht, wie der Sitz erstaunlich war, nämlich ständig kaputt. Manchmal ist, nachdem ich die Sitzfläche hochgefahren hatte, auf halber Strecke der ganze Sitz – mit mir drin – wieder herunter gekracht, weil ein Zahnrad abgebrochen war. Das war nicht witzig. Da musste ich Angst vor meinem eigenen Rollstuhl haben. Und versuchen Sie mal, vor lauter Angst Ihren Beinen davonzulaufen! Bevor ich einstieg, hielt ich jedes Mal die Luft an. Immerhin konnte ich mir auf diese Weise das Geld für Achterbahnfahrten auf der Kirmes sparen!

Für mich ist es auch wichtig, dass ich Abstellflächen habe, die ich mit meinen körperlichen Gegebenheiten nutzen kann. Ich brauche vorne einen Bügel, damit ich nicht herausfalle. Der muss flach sein, damit ich Getränke, Eisbecher oder Ähnliches darauf abstellen kann. Auch mein Handy braucht natürlich einen Ablageplatz, damit mein Rollstuhl zum mobilen Büro wird. Wichtig ist auch eine Art Stoßstange und Gummirollen an allen vier Ecken, damit ich etwa angelehnte Türen öffnen oder im Weg stehende Stühle zur Seite schieben kann, ohne Spuren zu hinterlassen. Außerdem muss mein Rolli abschließbar sein, damit niemand Unfug mit ihm treibt oder ihn sogar klaut, wenn er mal draußen auf mich wartet. Nichts ist selbstverständlich, alles will gut durchdacht sein.

All das diskutiere ich dann mit den zuständigen Technikern. Bei den meisten kommt irgendwann Panik auf, die von Minute zu Minute steigt, sie raufen sich wild die Haare und wissen nicht, wie sie meine vielen Sonderwünsche umsetzen sollen. »Das geht nicht! Wie soll das funktionieren?«, habe ich bei solchen Besprechungen schon unzählige Male zu hören bekommen. Aber ich lasse mich nicht so schnell abwimmeln. Irgendwie geht es immer.

Rollt der Rolli dann am Ende vom Band, haben die Techniker und ich lange schon wieder Frieden geschlossen, und alle sind mit dem Ergebnis zufrieden. Im Moment fahre ich einen »Silberpfeil«. Vielleicht ist die Farbe Silber ja ein ganz klein bisschen langweilig, aber ich wollte nun mal eine Farbe, die zu jedem Kleidungsstil passt. Ein knallgrüner Rolli wäre wahrscheinlich cooler gewesen, aber da hätte ich bestimmte T-Shirts und Krawatten vorerst aussortieren müssen. Ich fühle mich als Gesamtkunstwerk – da muss schon alles zusammenpassen!

Mein Auto ist mein Zuhause

Einen Quantensprung, was meine Mobilität angeht, habe ich gemacht, als ich meinen Führerschein machen durfte und mir gleich mit achtzehn ein Auto zulegte.

Seit ich vierzehn war, hatte ich davon geträumt, hinter einem Lenkrad zu sitzen, vor allem dann, wenn mit öffentlichen Verkehrsmitteln mal wieder alles schiefging. »Dieses Drama wird bald ein Ende haben«, dachte ich mir dann oft, ohne genau zu wissen, wie das überhaupt funktionieren sollte. Ein Zeitungsartikel mit dem Titel »Geblinkt wird mit dem Hinterkopf« brachte den entscheidenden Anstoß – und mich zur Firma Paravan, die Autos für Menschen mit Behinderung umbauen. Beim ersten Besuch dort war ich hellauf begeistert, konnte vor lauter Vorfreude kaum noch klar denken. Letztlich interessierte mich nur eins: Würde ich tatsächlich eines Tages selbst fahren können? Nach einem kurzen Test meiner Motorik und Reflexe, den ich mit Bravour bestand, stand fest: Ich würde richtig erwachsen sein können – mit Auto!

Ich lebte nur noch auf meinen achtzehnten Geburtstag hin. Und durfte mich dann doch sogar vorher schon einmal hinters Lenkrad setzen! Ein größeres Geschenk hätte man mir nicht machen können. Es war auf der REHACARE, der größten Messe für Rollstühle, Prothesen, Autos und Co., wo ich eine kurze Probefahrt auf dem Gelände machen konnte. Es war genial, fantastisch, einfach das Größte! In dem Augenblick verstand ich die Menschen, die behaupteten, Ferrari fahren sei besser als Sex. Und dabei hatte ich nur einen Kia gesteuert! Ja, und dann war es schließlich so weit, ich wurde siebzehn und war damit alt genug, mich in der Fahrschule anzumelden – das Warten hatte ein Ende! Nach bestandener Theorie-Führerscheinprüfung fuhr ich mit meiner leicht verrückten Clique zu Paravan auf die Schwäbische Alb. Ich hatte dort mit meinen drei Freunden ein Ferienhaus gemietet. Jetzt und hier würde mein Traum Wirklichkeit werden! Vor dem Traum kam aber noch der Albtraum: Großstadtkinder im Kuhdorf. Wenn wir nach Einbruch der Dunkelheit noch um die Häuser zogen und uns lauthals über das Leben ohne Einkaufszentrum, Kino oder Bars lustig machten, sahen wir mehr als einmal hastig weghuschende Gestalten hinter beigefarbenen Gardinen. Doch es waren schöne drei Wochen: Ich genoss es, jeden Tag bei der praktischen Führerscheinausbildung Auto zu fahren, mit meinen Freunden Tag und Nacht herumzualbern und die unbestreitbar schöne Landschaft zu durchstreifen.

Nachdem ich nach der praktischen Prüfung nun endlich den Führerschein in der Tasche hatte, musste ich noch etwas geduldig sein. Zunächst musste ein Auto gefunden und nach meinen Bedürfnissen umgebaut werden. Ein Sprinter sollte es sein. Durch die Größe meines damaligen Rollstuhls ging kein kleinerer Wagen. Doch dass Parkhäuser und so manche Straße nicht für Sprinter gebaut wurden, bemerkte ich erst später.

Da der Sprinter nicht nur beinahe so groß ist wie ein Haus, sondern allein der Umbau auch ungefähr so viel kostet, haben wir uns zunächst einmal auf die Suche nach Unterstützern gemacht, nach Kostenträgern. Deutschland, das Land der guten Sozialsysteme, Unterstützung von Menschen mit Behinderung und der Nachteilsausgleich sind Teil unserer Politik, dachte ich und war optimistisch.

Doch erst einmal wurde ich enttäuscht. Ein Auto sei Luxus, Mobilität durch den E-Rolli ausreichend gesichert und überhaupt, warum brauchen »Schwerstbehinderte« einen PKW? Ich hörte von ewigen Antragsverfahren, viel Streit und Unmut.

Ist ein Auto Luxus, wie es in vielen Fällen von Krankenkassen argumentiert wird? In einem Land, in dem statistisch ungefähr jeder zweite ein eigenes Auto hat, ist das schwer nachvollziehbar. »Wir wollen Teilhabe ohne Diskriminierung ermöglichen«, hört man neuerdings aus vielen Mündern, vorzugsweise in Sonntagsreden. Mobilität ist aber doch die Grundvoraussetzung dafür. Ob Teilhabe am Arbeits-, Bildungs-, Privat-, oder kulturellem Leben, in einem Land wie Deutschland, in dem oft woanders gearbeitet als gewohnt wird und in dem der öffentliche Personenverkehr offensichtlich nicht für Rollstuhlfahrer, Kinderwagen oder ältere Menschen gedacht ist, konnte ich das nicht akzeptieren.

Wie sollte ich sonst zur Uni kommen, wie zur Arbeit, meiner ehrenamtlichen Tätigkeit oder zu Freunden? Wie soll ich überhaupt in die Position kommen, die Politiker sich doch so oft wünschen: Pflichtbewusste, engagierte Bürger, die die Gesellschaft aktiv mitgestalten? Nichts wünschte ich mir sehnlicher als das, und viele andere Rollifahrer und Rollifahrerinnen würden mir wahrscheinlich zustimmen. Doch das Leben ist schneller, die Gesellschaft dynamischer, als Behörden Anträge prüfen und bewilligen. Hier muss dringend etwas geschehen! Teilhabe bedeutet eben auch, dass ich nicht ein Jahr lang auf mögliche Unterstützung warten kann – das Jobangebot, für das ich ein Auto brauche, wartet nämlich nicht so lange. Und Schwupps, ist die Chance des Lebens vielleicht wieder dahin. Glücklicherweise fanden wir in dem dichten Dschungel der Behörden und Ämter einen Kostenträger, der die Wichtigkeit erkannt hatte und damit den Grundstein für meine Teilhabe gelegt hat.

Irgendwann hatte ich dann also mein erstes eigenes Auto – inklusive aller Super-Wunder-Funktionen, die ich eben brauche. Wie bei meinem Rollstuhl ist auch beim Auto der Joystick von zentraler Bedeutung. Mit ihm lenke ich, gebe Gas und bremse – kurzum, mache all das, was man in einem Auto machen muss. Was der Joystick nicht erledigt, mache ich mithilfe von Knöpfen, die auf der rechten Seite angebracht sind. »Hier fühlt man sich ein bisschen wie im Cockpit«, freute sich mein Freund Jan, als er mal probesitzen durfte – Flugzeugfanatiker, der er war. Das Allertollste ist jedoch, dass ich ganz ohne fremde Hilfe mit meinem Sprinter klarkomme.

Es war ein großer Moment, als ich meine »Kutsche« in Süddeutschland abgeholt und nach Hause gebracht habe. Ich weiß bis heute, an welcher Stelle ich zum ersten Mal die 150 km/h überschritten habe. Meine Assistenzkraft, die mich damals begleitete, saß ziemlich angespannt auf dem Beifahrersitz, und bat mich auf halber Strecke, selbst weiterfahren zu dürfen …

Am nächsten Morgen, beim ersten Blick aus dem Fenster, konnte ich es zunächst gar nicht glauben. Es schien ein Traum, aber es war wirklich wahr: Da stand ein Auto. *Mein* Sprinter!

Gleich nach dem Frühstück fuhr ich zum ersten Mal alleine los. Ich wollte endgültig begreifen, dass ich ganz allein in der Lage war, dort hinzukommen, wo ich hin wollte. Wattenscheid war mein Ziel. Die Strecke kannte ich gut. Das war die eigentliche Jungfernfahrt. Ganz ohne Begleitung.

Es war ein unglaubliches Gefühl. Endlich keine Absprachen, keine umständlichen Busfahrten, kein kompliziertes Organisieren mehr! Stattdessen einfach reinrollen, mich auf den Fahrersitz schwingen und los. Ein berauschendes Gefühl von Freiheit und Unabhängigkeit überkam mich – und überkommt mich bis heute, sobald ich mich in mein Auto schwinge. Jetzt weiß ich: Sprinter fahren ist noch besser als Ferrari!

Mein Auto ermöglicht es mir, meine Kontakte viel intensiver zu pflegen als vorher. Wenn es mir in den Kopf kommt,

Hinter dem Lenkrad fühle ich mich wie im Cockpit eines Flugzeugs:
Mein Auto gibt mir unendliche Möglichkeiten, Spontanität und grenzenlose
Freiheit.

Behindert oder nicht? Mit einem solchen Profilfoto kann ich in den Sozialen Medien einfach Ich sein, ohne lästiges Kopfkino meines Gegen-übers. Und das beste: ob die Frisur sitzt oder nicht, ist auch egal!

Freunde zu besuchen oder abends auszugehen, dann kann ich mich ganz normal verabreden und losfahren. Früher war das sehr viel komplizierter, teilweise unmöglich, ich musste immer mit einem längeren Vorlauf organisieren, wie ich von A nach B komme. Die 166.000 Kilometer, die ich in den letzten fünfeinhalb Jahren zurückgelegt habe, sprechen für sich! Und sie beweisen: Mein Auto ist kein Luxusspielzeug, das ich ab und zu mal zu Wochenendausflügen ausführe. Nein, es ist die Grundvoraussetzung für mich, ein Leben zu führen wie die meisten Menschen. Ein Leben mit Studium, Arbeit und verantwortungsvollem ehrenamtlichen Engagement.

Allerdings ist mein Auto nicht das einzige Mittel, um Kontakte zu pflegen.

Seit ich die sozialen Medien für mich entdeckt habe, ist das Leben noch leichter geworden. In dem Moment hat sich ein neues Universum eröffnet. Mit einem Schlag konnte ich mit so vielen Menschen in Kontakt treten. Schnell, überall auf der Welt und ohne dass ich meinen Rollstuhl einen Zentimeter bewegen muss.

Und was noch besser ist: Im Internet ist es egal, ob einer Hände und Füße hat. Es ist, als wäre ich einer von ihnen. Keine anfangs irritierten Blicke, keine Unsicherheit! Mein Gegenüber reagiert online einfach auf den Typen Janis und nicht auf den Menschen, bei dem man sich noch vor dem Händeschütteln fragen muss, wie das überhaupt geht, dieses »Hände schütteln«. Ob man nicht doch besser nur winkt, »Hi!« zur Begrüßung sagt und innerlich wieder einen halben Schritt zurückgeht.

»Das Internet kennt keine Grenzen«, für mich steckt in diesem Satz viel Wahres. Wenn ich nur ein Foto meines Gesichtes zeige, bin ich ein Student, ein Mann, ein Vortragender, einer wie alle anderen auch. Wenn ich später mein Handicap ins Spiel bringe, dann habe ich mit meinen Chat-Partnern bereits eine Basis.

Mit dem »Rumms!«, den die sozialen Medien bei mir auslösten, hatte ich nicht gerechnet. Ich und »einfach Leute kennenlernen«? Es war mir schon ein paar Jahre zuvor bewusst geworden, dass »einfach Leute kennenlernen« bei mir nicht so einfach ging und dass das Internet mir dafür ein gutes Hilfsmittel sein könnte.

Ich erinnere mich noch an den Kauf meines ersten Computers, nach langen, langen Diskussionen mit meinen Eltern. Es war ein gebrauchtes Notebook mit Linux-Betriebssystem. »Das ist gut und günstig für den Anfang, und wenn du weißt, welche Anforderungen der Apparat für dich erfüllen muss, kaufen wir einen neuen«, war die klare Ansage. Eine olle Kamelle kaufen, um herauszufinden, welche Art PC ich brauche? Mir kam das so vor, als würde man sich bewusst einen unsympathischen Freund suchen, um an ihm zu erleben, dass man doch lieber einen sympathischen möchte. Ich verstand die Logik nicht, kaufte ihn aber trotzdem. Besser den als keinen!

»Hätte ich bloß die Finger davon gelassen«, dachte ich wenige Wochen später. Mein neuer digitaler Freund installierte nichts von dem, was ich wollte, entwickelte regelrecht einen eigenen Willen. Er ließ sich für alles sehr viel Zeit, gab eine Fehlermeldung nach der anderen raus, die ich nicht verstand, und wenn er gar nicht mehr wollte, hängte er sich einfach auf. So hatte ich mir das nicht vorgestellt. Ich wollte ihn umtauschen und fuhr alleine – meine Mutter hatte längst die Geduld verloren und fühlte sich darin bestätigt, dass diese Dinger »reine Zeitverschwendung« seien – zum Elektronikmarkt.

Immer schön freundlich, ohne mir meine Ungeduld anmerken zu lassen, schilderte ich den Verkäufern mein Problem. Sie halfen mir, das Betriebssystem immer und immer wieder neu aufzuspielen, gaben mir Tipps, ließen mich nicht allein. Mittlerweile besitze ich einen Computer nach meinem Geschmack, einen, der mir aufs Wort gehorcht. Und ich bewege mich im Netz wie in meinem zweiten Zuhause. Was es ja auch irgendwie ist.

Hilfe vor Hilfe

Die meisten Menschen sind sehr hilfsbereit. Sie öffnen mir Türen, achten auf Stufen, wollen, dass es mir gut geht. Das kann so weit führen, dass sie mir ungefragt Wasser einschenken, den Teller zurechtrücken, mich sogar »füttern« wollen. Richtig gelesen! Bei meiner Reise nach Myanmar musste ich in vielen örtlichen Restaurants Überzeugungsarbeit leisten, um nicht gefüttert zu werden! Ich empfand das einerseits als Übergriff, wusste aber andererseits, dass es gut gemeint war. Wer so aussieht, als würde er nicht selbst essen können, dem wird eben geholfen. Vielleicht wollen manche Menschen das auch aus der Überlegung heraus tun, dass meine Begleiter mal ein wenig Entlastung, eine Pause brauchen könnten. »Was müssen die für einen Stress haben mit diesem Krüppel«, denken sie vielleicht. Dass sie mir aber nicht glauben wollten, dass ich durchaus die Menükarte eigenständig umblättern und die Suppe selbst löffeln kann, und die ganze Zeit mit Argusaugen neben mir standen, das war echt anstrengend. Wehe, es gelang mir nicht direkt beim allerersten Versuch, die Seite zu wenden; wehe, ich hatte nicht auf Anhieb das Gemüse auf dem Löffel – schon hatte ich verloren, und eine fremde Hand war schnell im Spiel. Sie hatten ja nur darauf gewartet, es ja vorhergesehen! Weder böse Blicke noch freundliche Worte meinerseits halfen dann, sie noch vom Gegenteil zu überzeugen. Ich kapitulierte –

und von da an war es an mir, zu helfen. Ihnen dabei zu helfen, mir doch endlich richtig zu helfen. Und so gab ich freundliche Anweisungen zum Blättern, wenn ich fertig mit Lesen war, statt schon Hand anzulegen, wenn ich noch die Dessertseite studierte. Nur der Löffel, der blieb mein Revier!

Mal ehrlich, würden Sie einem anderen Menschen einfach so den Teller rücken oder die Kartoffel auf die Gabel spießen? Laut Knigge erkundigt man sich vorher, und sei es auch nur mit Blicken. Doch wenn Menschen mir gegenüber sitzen, dann geht der Gaul der Hilfsbereitschaft schnell mit ihnen durch.

Ich möchte Ihnen noch eine andere Geschichte erzählen. In der Schule hatte ich einmal eine schwere Auseinandersetzung mit meinen Lehrern, weil ich mich im Winter immer wieder weigerte, mir eine warme Jacke anzuziehen. Erstaunlicherweise ist mir einfach ständig warm, ich brauche im Winter keine dicke Jacke und im Sommer wäre ich oft am liebsten in Badehose erschienen. Mein Körper verbraucht einfach weniger Wärme, da er keine Gliedmaßen beheizen muss. Alle Ermahnungen und Hilfen beim Jackeanziehen ließ ich abblitzen – auch wenn es die strengste Lehrerin der Schule höchstpersönlich versuchte. In ihrer Verzweiflung riefen sie bei meinen Eltern an und beschwerten sich über meinen Ungehorsam. Die Antwort meiner Eltern: »Der Junge kann gut selbst entscheiden, wann er sich die Jacke anzieht!«

Als mir etwas Ähnliches in der Uni passierte, war ich mehr als verwundert, denn ich dachte, das Erwachsenenalter bereits erreicht zu haben und so der erzieherischen Fürsorge der anderen entwachsen zu sein. Ich stand mit ein paar Kommilitonen vor der Uni und hatte mich verquatscht. Es war tatsächlich ziemlich frisch, als dann aber ein Mitarbeiter der Uni kam und abrupt unsere Unterhaltung mit den Worten »Seht ihr denn nicht, dass der Janis friert?« zerriss, fand ich das mehr als ungehörig. In solchen Momenten muss ich leider dafür kämpfen, für voll genommen zu werden. Hey, der Mann im Rollstuhl weiß, wann er was braucht, und kann sprechen, und zwar besonders gut für sich selbst!

Bis ich Hilfe akzeptieren konnte, musste ich durch einen längeren Prozess hindurch, einen Prozess, der nicht immer nur vorwärts gegangen ist. Manchmal ging es zwei Schritt vor, dann einen zurück, und dann auch mal nur nach vorne oder eine Weile mal immer nur rückwärts. Bis heute gibt es da Schwankungen. Manchmal fällt es mir leicht, manchmal nervt mich vorschnelle Hilfsbereitschaft einfach nur.

Als ich noch klein war, konnte ich Hilfe gut annehmen. Es machte mir nichts aus, wenn sie mir automatisch gegeben wurde. Das hat sich im Laufe der Pubertät verändert – klar, in dieser Zeit nabelt man sich ab, wird selbstständig. So ließ ich mich beispielsweise immer seltener die Treppe hochtragen und machte mich stattdessen selbst auf den Weg. Mein Zimmer war im ersten Stock, nur zu erreichen über eine schmale, hölzerne Wendeltreppe, mit einem kratzigen blauen Teppich auf den Stufen. Den spürte ich einmal schmerzhaft im eigenen Gesicht, als ich – fast oben angekommen – plötzlich einen falschen Schritt machte und kopfüber wieder herunter polterte. Die Gehirnerschütterung gab's, neben dem Schock meiner Eltern, gratis dazu. Doch obwohl ich ziemliche Schmerzen hatte, bin ich direkt wieder hoch gestiegen: »Bloß nicht einschränken lassen«, war meine Devise. Und weiter ging's treppauf.

Ich habe ja schon erwähnt, wie früh mir meine Eltern beibrachten, möglichst viel selbst zu machen. Ständig Hilfe anzufordern, nein, das haben sie mir nicht beigebracht, außer sie war unumgänglich. Wollte ich etwas trinken, stellten sie mir einfach ein Glas vor die Nase. Wollte ich in den Garten, durfte ich – trotz meiner ständig zerschlissenen Hosen – selbst hinlaufen. Hilfe anzufordern, das musste ich mir selbst beibringen – weil ich sie eben manchmal tatsächlich brauche. So habe ich mich zum Beispiel lange Zeit gescheut, nachts jemanden aufzuwecken, wenn ich etwas trinken wollte oder wenn mich eine nächtliche Heißhungerattacke befiel. Ich wollte nicht derjenige sein, der die Leute aus dem Schlaf reißt. Mit der Zeit bekam ich Übung und gestand mir häufiger ein, dass ich eben nicht alles selbst kann – auch nachts nicht. Heute geht es einfacher, auch weil es mittlerweile eine Angewohnheit von mir ist, eine Notration für nächtliche Hungerattacken griffbereit ans Bett zu legen. Sehr zum Nachteil meiner Ernährung, denn wenn die Salzstangen und Erdnüsse schon neben dem Bett liegen, dann werden sie meist auch vertilgt.

Ich versuche mein Leben soweit möglich ohne professionelle, ausgebildete Pflegekräfte zu führen, das bedeutet im Umkehrschluss, dass Freunde und Familie eben immer mal wieder herhalten müssen. Ein Handgriff hier, ein Handgriff dort. Sei es im Badezimmer, beim verschlafenen Morgenritual, in der Uni oder der Küche. Das ist dann meist lustiger und angenehmer als mit einem Pflegedienst. Da kann es schon mal sein, dass es unter der Dusche länger dauert, wenn es noch wichtige Neuigkeiten zu erzählen gibt oder das Abtrocknen zur albernen Prozedur ausartet. Was man alles mit einem Handtuch mit der Frisur anstellen kann – meine Freunde sind Experten dafür! Sie melden mir häufig zurück, dass es für sie mit der Zeit zur Selbstverständlichkeit geworden ist, mir da zu helfen, wo ich alleine nicht weiterkomme. Das gehört für sie einfach dazu. Wir helfen uns gegenseitig, geben aufeinander Acht, das verbindet.

»Janis muss draußen bleiben«

Eine meiner ältesten Freundinnen beispielsweise lag einst entspannt und faul im Bett herum, während ich am Schreibtisch saß, neben mir stand eine Flasche Cola. Etwas schläfrig fragte sie, ob ich ihr etwas zu trinken bringen könne, sie habe Durst. So ist sie. Für sie bin ich kein Mensch, der nicht laufen, nicht herkommen, nichts bringen und transportieren kann. Ich habe dann kurz überlegt und mich gefragt: Warum eigentlich nicht? Schließlich bringt sie mir auch oft eine Cola. Und so habe ich mir – wie es so meine Art ist – die Flasche zwischen Kinn und Hals geklemmt und sie mit den Zähnen aufgeschraubt, ein Glas eingeschenkt und es ihr zum Bett gefahren. Bei ihr habe ich auch überhaupt kein Problem damit, wenn sie mir bei all meinen Bewegungen und Abläufen zuschaut.

Wie ich die Colaflasche aufmache, wie ich die Cola ins Glas schütte, wie ich versuche, das Glas festzuhalten, während ich mit dem Rollstuhl durchs Zimmer fahre. Da hatte ich früher bei anderen schon meine Schwierigkeiten. Aber bei ihr weiß ich, dass sie einfach keine Gedanken hat wie »O je, der Arme« oder »Komisch, wie der das macht«, und inzwischen fühle ich mich wohler dabei und zeige es sogar öffentlich im Video. Am liebsten erstaune ich jedoch die Menschen in der ersten Klasse des ICE, wenn ich mal wieder unterwegs bin und mir bei 250 km/h die Cola öffne und einschenke! Helfen dürfen sie mir dabei meist nicht.

Tatsächlich Hilfe einfordern und in Anspruch nehmen muss ich, wenn ich mit dem Rollstuhl draußen unterwegs bin. Schon eine kleine Stufe kann zur unüberwindbaren Hürde werden. Schade, dass noch keiner den schwebenden Luftkissen-Rollstuhl erfunden hat. Im Film sieht man manchmal Skateboards durch die Luft fliegen, das geht gut, aber ein Rollstuhl, der über hundert Kilo wiegt, der muss auf dem Boden bleiben. Manchmal wäre ich lieber Skater. Eine Stufe heißt für mich: »Janis muss leider draußen bleiben.« Oder es findet, wie neulich in Mannheim erlebt, in einem Restaurant eine Generalmobilmachung statt. Vier kräftige Männer wurden aus der Küche und hinter der Theke herbeizitiert, um mir und meinem Gefährt Zugang zu der Lokalität zu verschaffen. Vier Männer braucht es schon: drei, um meinen Rollstuhl mittels Muskelkraft hochzuhieven, und einen, der mich in der Zwischenzeit auf dem Arm hält. Im Rollstuhl sitzen zu bleiben ist mir dann doch zu wackelig.

Ob Cola oder Limonade: Ich bin froh, mir im Zweifel selbst helfen zu können, wenn mir gerade keine Leih-Hände zur Verfügung stehen.

Solche Aktionen müssten für meinen Geschmack nicht so häufig stattfinden, auch wenn ich weiß, dass ich damit für Unterhaltung und bei allen Beteiligten vielleicht für ein neues Verständnis sorge. Manche finden es bestimmt cool, wenn sie am Abendbrottisch erzählen können: »Ey, ich hab einen hundert Kilo schweren Rollstuhl gestemmt! Bockschwer war das Ding, aber ich hab's ganz allein geschafft!« Rollstuhl-Jägerlatein für Prahlhanse, so könnte man das wohl nennen.

Wenn ich jemanden um Hilfe bitte oder wenn ich eine Situation erlebe, in der ich Hilfe möchte, stelle ich mir meist erst mal die Frage: »Ist das etwas, das ich vielleicht auch selbst hinkriegen könnte?« Klar, auch ich bin manchmal faul. Wenn ich im Bett liege und die Cola in der Küche steht, dann scheint meine Wohnung plötzlich unermesslich groß. Dann sieht es so aus, als würde sie sich immer weiter weg bewegen. Aus ehemals fünf Meter werden schnell fünfzig – zum Glück bleibt dabei wenigstens die Miete dieselbe. In solchen Situationen wäre es einfach, jemanden um Hilfe zu bitten, und immer wieder muss ich meinen Schweinehund überwinden. Jenseits meiner manchmal etwas aufdringlichen Faulheit gibt es jedoch Aufgaben, die schlicht leichter oder schneller mit zwei Händen erledigt werden können als mit Zähnen, mit der Schulter und meinem Arm. Manches wurde mir sogar strikt verboten. Metallverschlüsse mit den Zähnen aufzumachen beispielsweise. Das erzeugt ein so ekelhaftes Knirschen, dass selbst ich dabei Gänsehaut bekomme – ganz zu schweigen von meiner Mutter. In diesen Fällen breche ich meine goldene Regel und nehme die Hilfe anderer gerne an.

Starker Wille zur Selbstständigkeit

Mein Wille ist stark, er hat mir oft geholfen, trotz meiner körperlichen Herausforderungen eine Selbstständigkeit aufzubauen, die schon viele Menschen überrascht hat. So bin ich – obwohl mir alle ernsthaft davon abgeraten hatten – mitten im schlimmsten Berufsverkehr um den Arc de Triomphe in Paris gefahren und allein durch London geschlendert. So habe ich immer meinen Weg gefunden und mir meine Freiheit erkämpft. Manch gut gemeinten Tipp habe ich lieber missachtet und war dadurch oft schneller am Ziel als manch ein Füßler. Wenn es hieß: »Als Rollstuhlfahrer kannst du nicht in einem Schlauchboot die Stromschnellen Thailands runterrasen« oder »In Paris findest du nie einen Parkplatz, fährst dir eher eine Beule in den Kotflügel«, so habe ich mich selbst davon – beziehungsweise vom Gegenteil – überzeugen wollen.

Hilfe aufgedrängt zu bekommen, finde ich schwierig. Ja, geradezu »aufdringlich«. Wenn ich neue Leute kennenlerne, bringe ich neben den üblichen Themen Name, Alter, Herkunft, Wohnort, Hobbys und so weiter ... noch ein weiteres Thema auf den Tisch. Wir müssen eine Absprache treffen: Ich bitte um Hilfe, wenn ich sie brauche. Bitte keine Präventivschläge!

Zu kompliziert? Nein, ich liebe es, wenn ich selbst entscheiden kann, wann mir geholfen wird. Ein Plädoyer dafür, egoistisch und mit Tunnelblick durch die Welt zu gehen, ist das selbstverständlich nicht! Es gibt Situationen, in denen jeder jedem helfen würde. Die möchte ich nicht abschaffen. Oder würden Sie dem hübschen Mann hinter Ihnen die Tür vor der Nase zuschlagen? In solchen Fällen ist Hilfe angebracht, und manchmal ist sie auch mehr als offensichtlich. Wenn mir mein Handy vom Rollstuhl fällt und mit einem lauten W U M M S – der mir durch Mark und Bein geht – auf dem Asphalt landet, freue ich mich selbstverständlich darüber, dass mein iPhone vor den heranrauschenden Autos gerettet wird.

Ich selbst helfe ja auch gerne. Am liebsten dann, wenn ich etwas besser kann als mein Gegenüber. Oder wenn ich das Gefühl habe, meine Hilfe könnte sinnvoll sein. Wenn meine Professorin mit ihren drei Taschen hinter mir herläuft, dann warte ich nicht, bis sie da ist und all ihre Klamotten abgelegt hat, um mir die Tür zu öffnen. Dann öffne ich die Tür selbst und lasse die Frau Professorin passieren – auch wenn ich dadurch Gefahr laufe, dass sie mich überholt und ich hinter ihr zu spät zum Seminar komme. Sie hat sich übrigens sehr über meine Geste gefreut – Rollstuhlfahrer können auch Gentlemen sein.

Oder ein anderes Beispiel: Mein Freund Gerd und ich sind oft gemeinsam auf Tour und arbeiten viel mit dem Handy, dem Tablet oder dem Computer. Ob im Zug, im Café oder im Auto: Unser Büro ist immer dabei. Stift und Papier waren gestern. Nicht der leer geschriebene Kugelschreiber nervt, sondern die Einstellungen des iPhones oder die Struktur unserer Dropbox. »Zeig mal, ich mach' dir das schnell« oder »Das kannst du so und so abkürzen«, bekommt Gerd da oft von mir zu hören, und nach ein paar Bewegungen meines Arms über seinen Bildschirm ist das Problem gelöst. Freude beiderseits.

Sehen und gesehen werden

Als ich noch klein war, mochte ich es überhaupt nicht, auf andere Kinder in meinem Alter zu treffen. Sie bombardierten mich oft mit Fragen: »Warum hast du denn keine Arme und Beine?«, »Warum siehst du so komisch aus?« oder rissen Witze hinter meinem Rücken: »Ach guck mal, der da vorne, ich hab gedacht, das wär' ne Puppe«. Hauptsächlich bei fremden Kindern war das der Fall. Im Kindergarten wussten alle Bescheid, mit denen war das kein Problem, dort war ein geschützter Raum. Aber in der Öffentlichkeit, unter Fremden, da fand ich es immer schwierig und habe mit meinem Schicksal gehadert.

Heute macht mir das nicht mehr viel aus, ich finde es inzwischen fast amüsant. Diese schonungslose Ehrlichkeit, die Kindern zu eigen ist, die ist ja auch schön, hat etwas Authentisches. Aber das ist eine sehr rationale, erwachsene Sicht. Als Kind, noch dazu als eines, das direkt von dieser Ehrlichkeit betroffen war, da sah ich das noch ganz anders. Immer wieder auf mein Handicap gestoßen zu werden, war schlimm. Vor allem, weil ich mich selbst nicht so gesehen habe. Meine Eltern haben die Fragen und Witzeleien der anderen Kinder und meine Reaktion darauf natürlich mitbekommen und mit mir darüber gesprochen, mir Tipps gegeben, wie ich damit umgehen solle. In dieser Zeit ist mir aufgefallen, dass ich viel und lieber mit Älteren zusammen war und es damals schon irgendwie schwierig fand, auf Kinderfeste zu gehen. Klar, bei Geburtstagsfeiern von Freunden war ich gerne dabei, aber Sommerfeste anderer Kindergärten, Maifeste oder ähnliche kinderreiche Veranstaltungen waren mir suspekt. Wenn dann die Eltern der Kinder auch noch selbst unsicher waren und mich genauso angafften, wie es ihre Kinder taten, war für mich alles verloren. Welche Tipps mir meine Eltern gaben, weiß ich heute nicht mehr genau, wahrscheinlich etwas in der Art: »Glotz doch einfach zurück, oder mach' dich über deren lange Nase lustig«. Das probierte ich aus, mit erstaunlichem Erfolg.

Aber abgeschlossen war das Thema noch lange nicht, bei ersten Begegnungen mit Fremden bekam ich immer noch ziemliches Herzrasen.

Im Spiegel der anderen

Bis eine Art Schlüsselerlebnis alles veränderte, ich muss etwa acht oder neun Jahre alt gewesen sein. Auf einem Spaziergang mit meinen Eltern kam uns ein älterer Herr im Rollstuhl entgegen. Er hatte, wie ich, keine Beine. Das hat mich ziemlich verwirrt und ich stellte meinen Eltern genau die Frage, die Kinder ohne zu überlegen stellen, wenn sie behinderte Menschen sehen – eben genau diese Frage, über die ich mich selbst immer so ärgerte, wenn sie mich betraf: »Was hat der, was ist mit dem passiert?« Ich glaube, meine Eltern haben mich damals darauf aufmerksam gemacht – jedenfalls wurde mir in diesem Augenblick klar, dass ich mit den anderen, wenn sie solche Fragen stellten, nicht so hart ins Gericht gehen durfte. Ich habe das wunderbar gespiegelt bekommen und später selbst reflektiert: Wenn ich mir selbst begegnen würde, würde ich eben auch diese Fragen stellen, wäre ich im ersten Augenblick auch verwundert über meine Erscheinung. Heute kann ich in solchen Momenten ganz gelassen reagieren. Leute werden oft schon nervös, wenn ich noch ganz entspannt bin – regen sich auf, fluchen oder beschimpfen Mitmenschen. Wenn ich zum Beispiel Zug fahre, stehen häufig Koffer im Weg, auch da, wo eigentlich der Rollstuhlplatz ist. Ich warte dann einfach kurz ab, in der Regel hilft jemand von selbst, oder ich bitte einfach irgendwen, ob er mir mal kurz helfen könnte, die Koffer wegzustellen. Niemals würde ich sofort schimpfen und andere darauf hinweisen, dass ihre Koffer auf dem Rollstuhlplatz nichts verloren haben. Und schon gar nicht würde ich auftrumpfen im Stil von »Hey Sie, das sehen Sie doch, das hier ist ein Rolli, jetzt los, machen Sie mal Platz da!« Nein, ich nicht.

Würde ich mich jedes Mal aufregen oder, so wie manche Menschen um mich herum, in einen Befehlston verfallen, wenn die Behindertentoilette oder der Behindertenparkplatz von Nicht-Behinderten verwendet wird, wenn mir Leute oder Dinge im Weg stehen, wenn die Bahn es mal wieder vergeigt, einen anständigen Mobilitätsservice anzubieten, wenn der Aufzug kaputt ist oder … oder … oder … – meine Güte, ich würde ja aus dem Aufregen gar nicht mehr herauskommen. Natürlich könnte ich andere oft belehren, dass sie dieses oder jenes bitte lassen, dieses andere aber bitte tun sollten – jeden Tag, manchmal sogar mehrmals pro Stunde könnte ich das tun. Aber soll ich nur deswegen mein Herzinfarktrisiko erhöhen? Es würde mich kein Stück weiterbringen im Leben.

Ich verwende meine Energie lieber für andere Dinge – und sei es die Suche nach Alternativen, wenn mal etwas misslingt. Ich bin nicht nur abhängig von anderen, nein, das wäre als Grund zu einfach. Ich bin ganz einfach gerne freundlich. Und wenn ich zurückgemeldet bekomme, man sei erstaunt, wie freundlich und gelassen ich doch sei, welch positive Grundstimmung ich versprühe, ist mir das tausend Mal lieber als wenn ich das Image des ständig meckernden Rollstuhlfahrers hätte, mit dem sich niemand abgeben möchte. Meine Chefin bei IBM sagte mir beispielsweise kürzlich, dass ich oft so optimistisch sei und mich wenig beklagen würde. Weniger zumindest, als es mir in meiner Situation vielleicht zustünde. Mein Leben ist an manchen Punkten sicherlich anstrengender, benötigt mehr Planung und mehr Zeit, darüber brauchen wir nicht zu reden. Doch, und das ist mir wichtig, versuche ich, andere daran möglichst wenig teilhaben zu lassen. Ich versuche, mich nicht in einer endlosen Negativspirale zu verlieren. Der Optimismus, den ich dadurch ausstrahle, wird erkannt und zurückgegeben.

Seit ich offener geworden bin, passiert es mir häufiger, dass fremde Leute mich nicht mehr nur beäugen, sondern direkt auf mich zukommen und ernsthaft wissen wollen, wie es mir mit meinen Besonderheiten geht. Als ich einmal irgendwo in der Schlange stand, sprach mich eine Frau mit Kind auf dem Arm an. Ihr sei aufgefallen, wie viel Freude ich ausstrahle und das hätte sie bei meiner Situation doch verwundert. Dabei war sie nicht einfach mitleidig wie so viele andere, nein, sie war wirklich interessiert, wollte sich mit mir unterhalten. Mitleid hemmt Gespräche, vor allem dann, wenn man mir nicht glaubt, dass ich Mitleid weder möchte noch brauche. Mit dieser Frau, die so entspannt und offen auf mich zukam, ließ ich mich gerne auf ein Gespräch ein – über Mut, Motivation und den Sinn des Lebens. Sie erzählte mir, dass ein Verwandter von ihr seit Kurzem auch im Rollstuhl sitze und dass sie beobachtet habe, wie wichtig die eigene positive, freundliche Einstellung sei, um veränderte Situationen annehmen zu können.

Vielleicht erlebe ich stärker als andere Menschen, welche Kraft in der Freundlichkeit und einer positiven Stimmung steckt; was Ruhe und ein Lächeln bewirken können. Wie andere im Umgang mit einem lächelnden, ruhigen Menschen entspannen und geradezu danach drängen, mit dieser angenehmen Quelle verbunden zu sein.

Neulich stand ich wieder einmal im Supermarkt, vor dem Kühlregal. Ich schaute mich um, auf der Suche nach dem richtigen Joghurt und meiner Milch. Etwas weiter stand eine mittelalte Frau, sie war damit beschäftigt, die Inhaltsstoffe des Speisequarks zu lesen. Etwas an ihr wirkte distanziert, ich wusste aber nicht genau, was. Ich war in Eile und hatte keine Zeit, auf der Suche nach jemandem Sympathischerem den Supermarkt abzufahren. Also sprach ich sie freundlich an: »Entschuldigung, ich störe Sie nur ungern …«, begann ich – und hatte wenige Augenblicke später, was ich wollte. Während sie mir das Gewünschte aus dem Kühlregal fischte, machte sich ein Lächeln auf ihrem Gesicht breit, sie schien sich richtig zu freuen. Ich wollte mich gerade verabschieden, da meinte sie, sie hätte mir sehr gerne geholfen, ob ich noch etwas bräuchte. Sie hätte mich sogar durch den ganzen Supermarkt begleitet. Ich spürte richtig, wie gut es ihr getan hatte, von einem Fremden wahrgenommen und gebraucht zu werden. Mein Einkauf war schon vollständig, doch ich begleitete sie noch etwas und unterhielt mich mit ihr. Das war ein sehr schönes Erlebnis für uns beide!

Und wenn es keine Behinderungen gäbe?

Meine Freundin Katharina erzählte mir kürzlich von einer Diskussion in ihrer Studentinnengruppe. Es ging darum, wie sich wohl das Leben von karriereorientierten jungen Frauen gestalten würde, wenn Frauen keine Kinder bekämen. Wie würden Frauen leben, arbeiten, gesellschaftlich unterwegs sein, wenn ihnen die Natur – und die Gesellschaft dazu – nicht vorgeben würde, Mütter zu werden? Was würde das verändern? Was wäre leichter, was trauriger?

Davon ausgehend, diskutierten wir beide lange darüber, wie es wohl wäre, wenn es ganz einfach keine Behinderung, ja nicht einmal den Gedanken daran, gäbe. Würde unserer Gesellschaft am Ende etwas fehlen? Bringt der Kontakt zwischen den »Nichtbehinderten« und den »Behinderten« nicht im besten Fall auch Tiefe zustande, weil man sich reibt, sensibler und behutsamer wird, lernt, das eigene Denken und Verhalten zu überdenken?

Ich will hier keinen Dreckhaufen mit Zuckerguss über-gießen. Behindert zu sein, macht oft keinen Spaß, und sicher würde niemand mit mir tauschen wollen. Was dagegen Spaß machen kann, das ist Netzwerken und der Austausch mit an-deren Menschen – allerdings nur dann, wenn die anderen Menschen »anders« sind. Anders als man selbst. Insofern ist es gut, dass es vom Menschsein so viele Facetten gibt, weil je-der einzelne Mensch so, wie er ist, unsere Welt bereichert und dafür sorgt, dass die Kommunikation ein bisschen menschen-freundlicher und bunter wird.

Vom guten Umgang mit sich selbst

Wenn man so wie ich ein Leben mit Handicap führt, ist es wichtig, so wenig wie möglich an sich selbst zu zweifeln und stattdessen lieber ein gutes Lebensgefühl anzustreben und zu bewahren. Das gelingt mir nicht immer. Doch eine Episode gibt es, die mir in dieser Hinsicht wirklich weitergeholfen hat, denn hier habe ich etwas entscheidendes gelernt.

Wo fange ich an? Ich führe ein bewegtes Leben. Ich bin neugierig und ehrgeizig und stets getrieben von dem Willen, etwas zu erreichen und mutig Träume zu verwirklichen. Immer nur entspannt »meine Füße hochlegen« ist nichts für mich. Ich stürze mich lieber in neue Aufgaben und Projekte. Das gilt auch für mein Studium, aber das gelingt mir nicht immer ohne Stress. Und der genau ist Gift für ein gutes Lebensgefühl.

Als ich vor zwei Jahren zum ersten Mal für einige Monate in Berlin war – voller Elan und Begeisterung neu durchstarten konnte –, stand irgendwann die Rückkehr nach Bochum und in die Uni an. Der Beginn des Semesters rückte immer näher, ich spürte langsam Panik in mir aufsteigen. Panik, durch die Rückkehr in den Ruhrpott wieder mit all den alten Geschichten konfrontiert zu sein, die mich beschwert und mich davon abgehalten hatten, es mir mit mir selbst gut gehen zu lassen. Es gab zu viele Erinnerungen – an schmerzliche Liebesgeschichten, an Einsamkeit und Trostlosigkeit. An einen Stadtteil, in dem um 22.00 Uhr die Bordsteine hochgeklappt wurden. Das alles fühlte sich nicht wie mein Zuhause an. Schon spürte ich wieder die vertrauten Symptome, Schweißausbrüche, Herzrasen, schlaflose Nächte. Ich neige dazu, meinen Alltagsstress auch nachts und in der Freizeit nicht loszuwerden. Dann schwirrt mein Kopf, als hätte dort kürzlich eine neue Achterbahn eröffnet. Eine Achterbahn ohne Anfang und Ende.

Jede E-Mail aus dem Uniumfeld, jede Aufgabe, jeder zu lesende Text wurden für mich zur Qual. Aber es half nichts, ich hatte mir ein Ziel gesetzt, auf jeden Fall würde ich das Studium beenden!

Zurück in Witten an der Uni, entschloss ich mich, einen Kurs zum Umgang mit Stress zu belegen. Ich wollte mein Problem in den Griff bekommen, koste es, was es wolle! Auch diesmal verließ ich mich wieder auf meinen Dickschädel, der mir helfen würde, das Semester erfolgreich abzuschließen.

Aber trotz allen Getriebenseins, trotz des starken Willens, des Dickschädels und der Unbeirrbarkeit: Gelassen zu werden, das ist und bleibt mein ausgewiesenes Ziel. Deswegen also der Anti-Stress-Kurs. Meine Erwartungen waren sehr hoch. Nach dem Kurs wollte ich in der Lage sein, meine Fähigkeiten, meine Ressourcen besser einzuschätzen und sie vor allem in einer Panik-Phase nicht zu verlieren und einen kühlen Kopf zu bewahren – und Panik erst gar nicht entstehen zu lassen.

So wie jedes Auto regelmäßig Kühlwasser braucht, muss sich auch der Kopf immer wieder abkühlen dürfen, sonst überhitzt er und ist zu nichts mehr zu gebrauchen.

Also stieg ich hoch motiviert in den Kurs ein. Eine wichtige Erkenntnis gleich zu Beginn war, dass es positiven und negativen Stress gibt, und weiter, dass ich selbst beeinflussen kann, wie ich Stress wahrnehme. Mir war schon mehrfach aufgefallen, dass mir manche Aufgaben leichter fielen, mir mehr Spaß machten, während mich andere so sehr in einen Verzweiflungsstrudel trieben, dass ich kaum in der Lage war, sie auch nur anzugehen. Dass es Möglichkeiten gibt, so etwas zu beeinflussen, ließ in mir einen Hoffnungsschimmer aufglimmen.

Stressabbau und Fokussierung

Am eindrucksvollsten empfand ich die sogenannte Körperreise. Ich sollte die Augen schließen und mich ganz auf mich im Hier und Jetzt fokussieren. Diese Übung hatte für mich etwas unheimlich Beruhigendes und Entkrampfendes, auch wenn ich mich jedes Mal ausbremsen musste, wenn die Reise die Beine oder Arme erreichte. Schließlich machte unsere Dozentin diese Übung mit uns allen gemeinsam. Jeder Teil des Körpers entspannte sich wohlig, und ich hatte das Gefühl, dadurch meine Probleme für einen Augenblick völlig zu vergessen. Ich war begeistert davon, wie mir der Abbau physischer Anspannung dabei half, auch meine nicht enden wollenden Gedankengänge zu durchbrechen, die Achterbahn wenigstens kurz anzuhalten.

Die Körperreise ist eine gute Methode gegen meine Schlafstörungen, doch für den Alltag benötigte ich etwas anderes. Ich kann ja schlecht im Auto oder in der Vorlesung einfach meine

Augen schließen und mich auf meinen Körper konzentrieren. Um mich tagsüber etwas zu entspannen, funktionieren für mich die Atemübungen am besten. Wie die meisten Menschen atme ich oft oberflächlich, und dann fängt mein Herz selbst bei Kleinigkeiten schnell an zu rasen, was mein Stressgefühl nur noch verstärkt. Wenn ich mir dagegen immer mal wieder die Zeit nehme, ganz bewusst und tief durchzuatmen, kann ich einen Großteil meiner Panik und Angespanntheit in den Griff bekommen. Damals habe ich mir angewöhnt, die Übung jedes Mal zu machen, wenn eine neue E-Mail der Uni eingetroffen war oder ich andere Stressfaktoren auf mich zukommen sah.

Außerdem habe ich ganz bewusst die automatische Weiterleitung gewisser Mails auf mein Handy abgestellt. Dadurch erwischen sie mich nicht mehr unvorbereitet oder in unpassenden Situationen. Ich habe gelernt, selbst zu steuern, wann mich Mails erreichen dürfen, nämlich nur noch dann, wenn ich bereit dafür bin.

Zum Ende des Kurses bin ich sogar noch einen Schritt weiter gegangen und habe mein Handy komplett zu Hause gelassen, wenn ich mit Freunden zum Essen verabredet war. Welch angenehme und entspannte Stunden! Kann ich jedem nur empfehlen.

Sehr geholfen hat mir auch das reflektierende Schreiben. Ich habe schon als Kind oft und gerne geschrieben, kürzere Geschichten und vor allem Tagebücher, um Erinnerungen und Erlebnisse festzuhalten – immer mit dem Mund. Durch das Schreiben konnte ich das Erlebte noch klarer reflektieren, noch einmal erleben. Ich weiß noch auf die Minute genau, wann mein erster Kuss stattgefunden hat und wie ich mich dabei fühlte, habe viele Erlebnisse aus meiner Kindheit im Detail dokumentiert. Schreiben als Methode zur Stressbewältigung kannte ich jedoch noch nicht. Erlebnisse, die meine Gedankenachterbahn in Gang bringen, schreibe ich so schnell wie möglich nieder und schaffe es so, sie aus meinem Kopf zu verbannen. »Papier ist geduldig«, das Sprichwort stimmt. Die Geduld des Papiers mache ich mir gerne zunutze.

Stress und seine Wirkung auf den Körper sind subjektive Angelegenheiten. Was für den einen höchst anstrengend ist, macht dem anderen großes Vergnügen. Und selbst »objektiver« Stress wird von jedem unterschiedlich wahrgenommen und bewältigt. Seit ich das begriffen habe, versuche ich, eine andere Einstellung zu Stress zu entwickeln. Ein wichtiger Gedankenschritt dabei ist, die subjektive Ebene zu verlassen und aus einem objektiven Blickwinkel heraus zu reflektieren, was genau in einer bestimmten Stresssituation von mir erwartet wird oder wurde. Diese Notizen schwarz auf weiß vor sich liegen zu sehen, zeigt, dass das Leben meistens viel einfacher ist, als es auf den ersten Blick erschien.

Wenn nun also jemand etwas von mir möchte, was mich stressen könnte, weiß ich viel klarer, was in dieser Situation angesagt ist. Ich kann dadurch besser einschätzen, ob ich überhaupt die nötige Zeit dafür habe. Wenn ich sie nicht habe oder aus anderen Gründen in dem Augenblick die Sache nicht erledigen kann oder will, kann ich sie viel beruhigter zur Seite schieben als früher.

Mit Hilfe des Kurses, durch Übung und Reflexion habe ich meine persönliche Strategie gegen negativen Stress entwickelt. Sie hilft mir tatsächlich, meine Fähigkeiten selbst in für mich stressigen Momenten nicht aus den Augen zu verlieren. Das beruhigt. Und Phasen der Ruhe machen den Weg zu den eigenen Ressourcen wieder frei und lassen den Alltag viel besser bewältigen. Ich bin überzeugt davon, dass jeder Mensch seine ganz eigene Strategie finden kann.

Seit diesem Anti-Stress-Kurs plane ich auch ganz bewusst Zeiten ein, in denen ich unliebsame Aufgaben (oder solche, die negativen Stress mit sich bringen) erledige. Das tue ich dann ganz konzentriert und ohne mich ablenken zu lassen. So kann ich mich in den anderen Zeiten umso mehr darauf einlassen, meine Freizeit zu genießen und Spaß zu haben. Diese »Neusortierung« hat bewirkt, dass mein Gehirn inzwischen regelrecht auf diese neue Vorgehensweise trainiert ist.

Anfangs war es noch schwer. Inzwischen aber bin ich in der Lage, mich zu fast jeder Zeit auf das zu konzentrieren, was ansteht und mich nicht durch Stressfaktoren ablenken zu lassen.

Noch ein Motto von mir: »Wer hart und konzentriert arbeitet, darf auch genauso viel und intensiv seine Freizeit genießen.« Oder ganz schlicht: »Das Leben ist viel zu kurz, um sich stressen zu lassen!«

Noch mehr Ellenbogen

Weder war ich auf einer Sonderschule noch habe ich jemals irgendwelche Selbsthilfegruppen besucht. Und nur sehr selten gehe ich mit anderen Rollstuhlfahrern spazieren. So war ich schon im Kindergarten nur von Menschen umgeben, bei denen ich Bewegungsabläufe und Handgriffe nicht abgucken konnte. Ich musste mir alles selbst beibringen, mich durchsetzen, stark sein, in einer Gruppe von Menschen, die körperlich oft schneller und stärker waren als ich. In einer Ellenbogengesellschaft kann ich nicht mithalten. Ich habe keine Ellenbogen. Punkt.

Oft habe ich mich gefragt, warum unser Finanzminister Wolfgang Schäuble seine Behinderung nicht zum politischen Thema macht, sich nicht für uns alle engagiert. Er wäre in einer guten Position, um sich beispielsweise dafür einzusetzen, dass für Menschen mit Behinderung Hilfsmittel wie Rollstuhl, behindertengerechtes Auto und vieles mehr einkommens- und vermögensunabhängig bezahlt werden. Wenn einer mehr als 2.600 Euro auf dem Konto hat, muss er seine Hilfsmittel und Assistenzkräfte selbst zahlen, bis der Kontostand wieder bei 2.600 angelangt ist. Das bedeutet, zu sparen oder viel Geld zu verdienen lohnt sich nicht, weil es einem eh zum großen Teil wieder weggenommen wird. Diskriminierend, oder? Versuchen Sie mal, beruflichen Ehrgeiz zu entwickeln, wenn Sie die

Früchte Ihrer Arbeit nicht behalten dürfen! Das ist auch für mich immer wieder eine Herausforderung. Im Grunde wird man als Rollstuhlfahrer politisch oft auf den Standstreifen gedrängt.

In der sechsten Klasse stand auch ich auf dem Standstreifen. Nicht, weil die Batterien meines Rollstuhls nicht mehr wollten oder ich einen Platten hatte. Nein, der Grund waren meine Klassenkameraden. Für die siebte Klasse hätten wir ins Obergeschoss ziehen müssen, weshalb ich vorher beantragt hatte, eine Alternative zu finden. Unsere Schule war dreizügig – es gab A, B und C. Ich war im A-Zug. Die Schule schlug alternativ vor, dass wir in ein anderes Gebäude, ins B-Gebäude, ziehen sollten. Die Schüler dieses Gebäudes hatten nicht den allerbesten Ruf. Sie waren bekannt dafür, sich auf den Boden zu schmeißen und wie am Spieß zu brüllen. Prügeleien waren an der Tagesordnung.

Nun sollten wir also mit der Klasse 7B die Räume tauschen, um ein Zimmer im Erdgeschoss zu bekommen, sollten rüber ins Chaoten-Gebäude – was für ein Schreck für uns, die vornehme A-Klasse. In der man sich zwar auch anschrie und prügelte, aber eben auf elegante Art. Unsere blauen Flecken waren Zeichen der Vernunft, während die Veilchen der B-Klasse Ausdruck ihrer Primitivität waren. Meine Mitschüler fanden das nicht so toll und setzten eine Petition auf. Sie wollten mich nicht, sie wollten nicht in das B-Gebäude, sie hatten Angst. Es nutzte alles nichts. Wir sind trotzdem umgezogen und wurden urplötzlich auch zu unvernünftigen Idioten.

Für mich war das eine schwierige Zeit, eine Zeit, von der ich mich nie richtig erholt habe. Die Kategorien, in denen meine Klassenkameraden dachten, waren nicht meine und ich verstand sie nicht. Ich stand abseits im Regen. Nur meine engsten Freunde standen zu mir und hielten stellvertretend für mich die Ellenbogen hin.

Worte, meine stärkste Waffe

In dieser und anderen Situationen lernte ich meine »verbalen Ellenbogen« kennen und schätzen. Worte wurden meine stärkste Waffe. Sie richtig einzusetzen zeigte Wirkung, und so fing ich an, mein Schwert zu schärfen.

Ich kann mittlerweile ganz gut austeilen, höflich und diplomatisch zwar, aber mit starkem Willen unterfüttert. Wenn ich merke, dass man mich nicht für voll nimmt, liefere ich den Gegenbeweis. Kürzlich war wieder einer dieser Momente, in denen der schmale Pfad der Diplomatie beängstigend eng wurde. Jemand aus meinem Bekanntenkreis wollte mit mir zusammen eine Unternehmensberatung mit dem Schwerpunkt Inklusion gründen. Anfangs beflügelt, beschlich mich im weiteren Verlauf des Gesprächs ein immer mulmigeres Gefühl. Wahrscheinlich, weil ich bereits halb auf dem Tisch lag, über den man mich ziehen wollte – die Bedingungen und Konditionen waren wirklich das Letzte. Doch ich ließ mich nicht über den Tisch ziehen, sondern zog stattdessen die Notbremse.

Meine Eltern beschreiben mich bei solchen Gelegenheiten häufig als arrogant. »Janis, komm von deinem hohen Ross runter!«, heißt es dann. Doch ich fühle mich als Ritter auf meinem Schimmel ziemlich wohl. Arroganz hin oder her: Wer mir auf der Nase herumtanzen möchte, lernt mein Ross kennen, wie hoch es auch sein mag. Ich habe und gebrauche meine Worte als Verteidigungsmöglichkeit. Verstehen Sie mich nicht falsch, ich laufe nicht ständig mit gewetzten Messern durch die Welt, im Gegenteil – ich lasse das Schwert sinken und benutze Worte, um Frieden zu schaffen. Worte können ja schließlich auch eine freundliche Atmosphäre erzeugen, Sympathien hervorrufen, ungute Stimmungen ins genaue Gegenteil drehen und Wohlgefühle herstellen. Worte können meinen Mitmenschen das Gefühl geben, sich in meiner Nähe entspannen zu dürfen. Da ich zwischendurch immer wieder auf die Hilfe anderer angewiesen bin, auf kleine Handgriffe, ist das für mich eine wichtige Erkenntnis.

Ich bin oft gut gelaunt und eigentlich immer freundlich, auch wenn ich meiner Kommilitonin zum gefühlt hundertsten Mal erklären muss, wie genau nun der Computer in meine Tasche gepackt wird. Eine böse Bemerkung muss sie sich nicht dafür anhören. Ich habe in vielen Dingen meine ganz eigene Ordnung, die ich dazu benötige, um mit all meinem Krempel klarzukommen. »Janis, wie schaffst du das eigentlich, nicht durchzudrehen oder ungeduldig zu werden, bei den vielen verschiedenen Leuten, die dich täglich umgeben?«, ist nur eine der Fragen, die ich hin und wieder beantworten muss. Ich bin überzeugt davon, dass Durchsetzung am besten auf freundliche, diplomatische Art funktioniert.

Wofür mein Herz schlägt – von ersten Jobs und sozialem Engagement

Tabellen, Texte, Matrizen und jede Menge vereinfachender Modelle – mein Studium ist voll von unterschiedlichsten Theorien. Theorien, die uns helfen sollen, die Welt zu verstehen – was sie mal mehr oder weniger gut schaffen. Und wie ich mich freue, wenn ich nach lange rauchendem Kopf eine Theorie verstehe, ihre Probleme erkenne und anhand dieser Probleme dann die Aussagekraft der Theorie ad absurdum führen kann! In meinem Studiengang müssen regelmäßig Praktika in Unternehmen absolviert werden, um das theoretische Wissen in der Praxis erproben zu können. Als Praktikant habe ich zwei sehr unterschiedliche Erfahrungen in zwei sehr unterschiedlichen Unternehmen gemacht. Beide haben mich ganz stark geprägt.

Vor meinem ersten Praktikum war ich sehr aufgeregt, ich konnte es kaum erwarten. Wie würde es wohl sein, in einem Unternehmen zu arbeiten? Wie würde ich mit den Kollegen und Vorgesetzten zurechtkommen? Wie würden sie auf mich reagieren? Wie würde es sich für mich anfühlen, in ein Team eingebunden zu sein?

Ich hatte ein mittelständisches Familienunternehmen ausgesucht. Insgesamt sechs Wochen wollte ich dort mitarbeiten und zum ersten Mal in die Arbeitswelt hineinschnuppern.

Auch in die Finanzpläne wollte ich meine Nase stecken und diese verstehen lernen.

Mit den Finanzen hatte ich's ja schon als Schüler, und bis heute habe ich eine wahre Leidenschaft dafür. Voller Elan kam ich also zum Vorstellungsgespräch, wurde aber gleich hinter der Eingangstür ausgebremst: kein Fahrstuhl! Das bedeutete, dass ich die Treppe »hochhoppeln« musste (Sie wissen ja bereits, wie ich das hasse…) und mein wichtigstes Körperteil, meinen Rollstuhl, oben angelangt nicht zur Verfügung haben würde. Es gibt einem kein besonders gutes Gefühl, wenn man aus etwa 80 Zentimetern nach oben kommunizieren muss. Auf dem Weg zu dem Konferenzraum, in dem das Vorstellungsgespräch stattfand, war ich hauptsächlich damit beschäftigt, meine Überlebens-Utensilien (also Handy, Portemonnaie und Schlüsselbund) nicht auf den Boden fallen zu lassen. An Smalltalk mit der Mitarbeiterin, die mich an der Pforte abgeholt hatte, war überhaupt nicht zu denken. Ein smarter Auftritt sieht anders aus!

Während des Gesprächs waren meine Gegenüber mehr mit meiner körperlichen Situation beschäftigt und entsprechend »besorgt«, ob ich die damit verbundenen Herausforderungen wohl bestehen könnte, als mit meinen Kompetenzen – kein Wunder, nach dem Auftritt… »Können Sie schreiben?«, »Wie kommen Sie überhaupt zur Arbeit?« Solche und ähnliche Fragen musste ich beantworten, und dabei hasse ich es wie die Pest, wenn mein Handicap alles andere in den Hintergrund treten lässt!

Nichtsdestotrotz bekam ich die Stelle angeboten und nahm

sie auch an, obwohl ich nach dem eher unangenehmen Vorgespräch einige Zweifel hatte. Vor allem wurde ich das Gefühl nicht los, dass ich mehr aus Mitleid als aufgrund meiner fachlichen Eignung eingestellt worden war. Letztlich war ich einfach zu scharf darauf, endlich die Arbeitswelt kennenzulernen und den Alltag in einem Unternehmen zu erleben. Dafür war ich bereit, auch manche Kröte zu schlucken.

Getreu meinem Motto »Geht nicht, gibt's nicht!«, besorgte ich mir einen zweiten Rollstuhl, sodass ich mit dem einen vor dem Gebäude vorfahren und dann – nach erfolgreicher »Ersteigung« der Treppe in den ersten Stock – auf den anderen umsteigen und mich damit wieder halbwegs frei bewegen konnte. Die Kollegen waren nett und hilfsbereit, nur von meinem Chef fühlte ich mich ignoriert. Gleich in meiner ersten Woche war er krank, es ging also schon mal gut los, und die restliche Zeit sah ich ihn nur aus der Ferne. Wollte er einen Bogen um mich machen?

Dazu kam, dass es so gut wie keinen privaten Austausch unter den Kollegen gab. Mit Menschen zusammen zu sein, ohne mit ihnen über sie und ihr Leben zu sprechen, das war ich nicht gewohnt. Gespräche zu führen, die sich entweder um die Arbeit drehten oder um Allgemeines – dazu war ich anfangs schlicht nicht in der Lage. Mir fielen einfach keine Themen ein. Also beschränkte ich mich aufs Beobachten und Zuhören. Und die Tatsache, dass das Wörtchen »schwul« als Negativ-Attribut für alles Mögliche benutzt wurde, brachte mich dazu, das zu tun, was alle taten: Ich versteckte mein Privatleben hinter einer Mauer aus Sachlichkeit und Unpersönlichkeit.

Ein Tiefpunkt

Es war schrecklich! Mein Selbstbewusstsein sank von Tag zu Tag. Ich fühlte mich als Mensch überhaupt nicht wahrgenommen.

Mein persönlicher Tiefpunkt war erreicht, als eine von mir erstellte Excel-Tabelle – eine meiner ersten Aufgaben als Praktikant – mit vielen Anmerkungen und Veränderungswünschen, aber ohne jedes erklärende Wort zu mir zurückkam. Gab es hier keine guten Umgangsformen, kein Gefühl dafür, wie Kommunikation in einem Team funktioniert? Wo war die menschliche Ansprache? Sah so etwa die »ganz normale« Arbeitswelt aus? Mit Schrecken dachte ich an meine berufliche Zukunft. Für Verbesserungen an der Tabelle blieb an diesem Tag keine Zeit, und so nahm ich das Thema mit in den Feierabend. Meine Gedanken kreisten, ich machte kaum ein Auge zu. Am nächsten Tag hat mir ein netter Kollege geholfen, meinen Entwurf zu überarbeiten. Am Ende wurde die Präsentation dann doch ganz ansehnlich. Aber das war nur ein schwacher Trost für mich.

Diese Mischung aus allgemeinem Unwohlsein in dieser unpersönlichen Umgebung, dem Frust darüber, nicht beachtet zu werden, und dem permanenten Gefühl, total behindert zu sein, gab mir den Rest.

Es waren schwierige sechs Wochen. Ich verließ das Unternehmen am Ende mit äußerst gemischten Gefühlen. Einerseits freute ich mich und war stolz, denn ich hatte mein Ziel erreicht, erste Schritte in der Arbeitswelt zu machen, und hatte auch einiges gelernt. Andererseits machte mir ein Gefühl tiefer Verunsicherung heftige Bauchschmerzen. Wie sollte das in Zukunft mit mir weitergehen? Ich wollte arbeiten. Unbedingt. Aber wo war mein Platz? Würde ich meinen Weg und eine Arbeitsumgebung finden, in der ich mich gut angenommen und wohlfühlen würde? Wie könnte ich es schaffen, als Teil eines Teams etwas zu bewegen, etwas zu erreichen? Dieses Gefühl kennt bestimmt jeder. Aber stellen Sie sich vor, Sie hätten zusätzlich noch einen Klotz am Bein, der Ihnen die einfachsten Dinge schwermacht …

Mein Selbstbewusstsein hatte während dieses Praktikums sehr gelitten – und dabei brauche ich es, um im Alltag klarzukommen – viel mehr als »normale« Menschen. Wie sonst sollte ich mich frei in der Gesellschaft bewegen können? Die vielen Blicke in der Öffentlichkeit aushalten? In einer Welt voller Barrieren vorankommen?

An manchen Tagen merke ich, dass ich sozusagen »mit dem falschen Fuß aufgestanden« bin. Einerseits, weil meine Rollgeschwindigkeit an solchen Tagen unwillkürlich höher liegt und meine Mitmenschen in der Fußgängerzone noch erschreckter und schneller zur Seite springen als sonst schon. Andererseits, weil es mir an diesen Tagen schwerer als sonst fällt, jemanden anzusprechen. Wenn ich es dann nicht schaffe, meine Lieblingsschokolade aus dem Regal zu erbitten, die mich wieder glücklich machen soll, bin ich in einer echten Zwickmühle.

Anfangs war ich mir nicht sicher, woran es lag, dass ich mich während und nach diesem Praktikum verunsichert fühlte. Ich dachte erst, es läge ausschließlich an der für mich neuen Situation und Umgebung. Rückblickend weiß ich allerdings, dass das nicht der einzige Grund war. Es lag auch daran, dass ich in dieser Firma auf dem Boden sitzend und rutschend die Etagen und meine Rollstühle wechseln musste. Ich fühlte mich dadurch noch kleiner und unsicherer.

Vielleicht kann das nicht jeder nachvollziehen, manch einer mag jetzt vielleicht denken »Na, sooo schlimm ist das doch nun auch wieder nicht!« Aber die positive Wirkung von Augenhöhe im Kontakt mit anderen ist wichtig. Mein ständiger Bodenkontakt in diesem Unternehmen machte mich klein und verzagt.

Nicht mehr mit der Anzughose das Treppenhaus wischen

Im Nachhinein bin ich sehr dankbar für die Erfahrungen, die ich bei meinem ersten Praktikum gemacht habe. Ich weiß nun, dass ich erst einmal eine gewisse Sicherheit entwickeln muss, bevor ich mich in neuen Situationen frei bewegen kann. Diese Sicherheit kann ich mir verschaffen, indem ich Schritt für Schritt verstehe, wie neue Situationen funktionieren. Darüber hinaus hat mich mein erstes Praktikum mit der Nase regelrecht auf *mein Thema* gestoßen …

An das Horror-Praktikum schloss sich ein weiterer Job an – der wesentlich besser lief und mich wieder mit der Arbeitswelt versöhnte. Ganz bewusst machte ich mich auf die Suche nach einem Unternehmen, das für Toleranz und Integration stand. Ich war es leid, immer wieder Bewerbungen zu schreiben, die zwar gut ankamen, mich aber keinen Schritt weiter brachten: »Ihre Bewerbung hat uns sehr gefallen, wir würden Sie gerne kennenlernen!« – diese äußerst motivierende Antwort bekam ich oft. Wenn ich dann allerdings nach wenigstens einem Minimum an Barrierefreiheit im Unternehmen fragte, erhielt ich meist schlechte Rückmeldungen. Kompromisse einzugehen, war ich nicht mehr bereit, ich wollte nicht wieder mit meiner Anzughose das Treppenhaus wischen und dabei fürchten müssen, von vorbeieilenden Kollegen übersehen zu werden. Ich wollte einen Arbeitgeber, der mich wollte, so wie ich war. Der mir nichts in den Weg legte, sondern bei dem ich, so wie jeder und jede andere auch, mit Respekt auf Augenhöhe behandelt wurde.

Aber ich wollte auch einen Arbeitgeber, der nicht nur diese rein physischen Anforderungen erfüllen konnte. Einen, der nicht nur plakativ und imagewirksam behauptete, Vielfalt zu tolerieren, ohne dies tatsächlich zu leben und offen nach außen hin zu kommunizieren. Ich wollte einen Arbeitgeber, der erkannt hatte, wie viel Potenzial in einer vielfältigen Belegschaft steckt, und der sich genau diese Überzeugung ganz groß und für alle sichtbar auf seine Fahnen schrieb. Einen, bei dem nicht nur ich einfach Janis sein konnte und schwul und Rollstuhlfahrer, sondern einen, der tolerant, akzeptierend und wertschätzend allen gegenüber war, egal welche Besonderheiten, Abweichungen von der Mehrheit und Handicaps sie nun hatten. Also ein Arbeitgeber, der in seinen Teams die ganze Dimension menschlicher Vielfalt, wie es so schön heißt, will und fördert. Ein moderner, aufgeklärter Arbeitgeber, der weiß, dass sein Unternehmen nicht nur von den Talenten, sondern vor allem auch von der Motivation, von der Identifikation und der Begeisterung seiner Mitarbeiter lebt.

Bei der Recherche für eine Hausarbeit an der Uni stieß ich schließlich auf ein Unternehmen, das immer wieder als Vorreiter genannt wurde, wenn es um umfassendes Diversity Management ging, und das seit Jahrzehnten auch international in der gesellschaftlichen und politischen Diskussion immer wieder als entsprechendes Vorbild angeführt wurde: IBM, ein Global Player aus den USA, ein IT- und Beratungsunternehmen. Das klang gut! Ich wollte es wissen und sprach meine zukünftige Chefin auf einer Konferenz direkt an.

Diesmal war das Glück auf meiner Seite. Auf meine Bewerbung hin kam nicht der gewohnte bedauernde Hinweis auf Stufen, fehlende Aufzüge und Ähnliches. Ich wurde für vier Monate als Praktikant in der Abteilung Diversity Management angestellt. Zwar musste ich über eine Stunde mit dem Auto zur Arbeit fahren, aber – hurra! – das Gebäude war barrierefrei und die Möglichkeit, wieder mehr in Berlin zu sein, war sowieso jede Mühe wert.

Endlich sinnvoll arbeiten

Denn ich liebe diese Stadt! Die Menschen, das pulsierende Leben, die Vielfalt. Berlin ist genauso wie ich: Immer unter Strom, lebendig und vielfältig. Hier kann ich einfach der sein, der ich sein will, ohne dass die Nachbarn hinter zugezogenen beigen Gardinen hervorspähen und tuscheln, wenn ich mal mit einer Freundin, mal mit einem Freund nach Hause komme, oder wenn wir uns noch stundenlang nach der Ankunft im Auto sitzend unterhalten. Es interessiert niemanden, ob mein T-Shirt knallbunt ist oder grau, ob ich nachts um drei Uhr noch Hunger habe oder mit Freunden um die Häuser ziehe. Berlin ist für mich eine Stadt, die motiviert. Hier arbeiten! Super! Sofort!

Meine erste Aufgabe als Praktikant war schon sehr ehrenvoll. Ich sollte einen Leitfaden zur Verwendung gendersensibler Sprache in der Kommunikation und eine Checkliste für die Formulierung genderneutraler Stellenanzeigen erstellen.

Kurz zuvor waren ein paar sehr spannende Studien veröffentlicht worden. Aus denen ging hervor, dass männlich konnotierte Adjektive wie zum Beispiel »durchsetzungsstark, offensiv, analytisch« dazu führen, dass sich durchschnittlich weniger Frauen bewerben. Auch halten sie sich eher zurück, wenn nur die männliche Berufsbezeichnung angeführt wird – auch der Anhang »(m/w)« ändert daran nichts. Ich sollte die Informationen so zusammenstellen, dass die vielbeschäftigten Manager im Personalmarketing die wichtigsten Inhalte schnell erfassen und umsetzen konnten. Das machte Laune. Ich fühlte mich wirklich ernst genommen. Ich wollte herausfinden, wie sich die Vorreiterrolle IBMs beim Thema »Diversity & Inclusion« auf die alltägliche Arbeit auswirkte. Ich wusste, dass hier schon viel Toleranz und Offenheit gelebt wurde, bevor Schlagworte wie »Behinderung«, »Inklusion«, »Gleichbehandlung« oder »sexuelle Orientierung« in Deutschland oder den USA überhaupt erst in die öffentliche Diskussion kamen.

Ein Computer, eine Maus und eine ganz normale Tastatur: Das reicht mir zum Arbeiten während meines Praktikums. Und wenn ich mal nicht tippen kann, diktiere ich meine Texte ganz einfach ins Mikrofon.

Anfangs war ich auch in dieser Praktikantenstelle aufgeregt und oft unsicher. Was half, war, dass diese Themen mir absolut lagen.

Für meine ersten Entwürfe bekam ich immer ein Dankeschön und ein konstruktives Feedback, was ich ggf. verbessern könnte. Ich war froh. Das Problem, die Gedanken über die Arbeit mit in den Feierabend zu nehmen und mich schlaflos im Bett zu wälzen, hatte ich hier nicht. Meine Projekte kamen alle zu einem erfolgreichen Abschluss. Ich hatte das Gefühl, etwas bewegen zu können. Mein Leitfaden zur gendergerechten Sprache war zwar vor allem bei den männlichen Führungskräften nicht nur auf Zustimmung gestoßen, aber er hat zumindest zu Diskussionen und zum Nachdenken angeregt. Sprache kann diskriminierend sein und Menschen ausschließen. Zu komplizierte Sprache kann aber auch Barrieren aufbauen, die Menschen daran hindern, miteinander in Kontakt zu treten. Beides habe ich erlebt und dabei gemerkt, wie schwierig Diversity Management sein kann. Eine Gratwanderung der besonderen Art, mitten durch die Unternehmenskultur hindurch.

Ich erlebte eine völlig andere Führungskultur, die mich motivierte und mich kreativ sein ließ: Ich durfte eigene Vorschläge machen und meine Ideen weiterentwickeln und verbessern.

Das hatte ich vor allem meiner Chefin zu verdanken. Das Verhältnis zu ihr wurde sehr schnell richtig herzlich. Sie verstand es nicht nur wunderbar, mich zu motivieren, sondern nahm mich auch immer wieder zu internen und externen Events zur Vernetzung und Unterstützung des Unternehmens mit. Das waren tolle Gelegenheiten, interessanten Menschen zu begegnen. Ich fühlte mich jedes Mal schnell wohl, meine Hemmungen, andere Menschen kennenzulernen und Kontakte zu knüpfen, waren wie verflogen. »In Kontakt gehen«, »Small Talk« oder »ernste Gespräche führen« waren vorher Dinge, die mich schnell verunsichert hatten. Plötzlich lief alles wie geschmiert, und ich bekam positive Rückmeldungen von den Kollegen.

Selbst zu den feierabendlichen Team-Events war ich mit eingeladen. In meinem ersten Praktikum musste ich bei so etwas immer draußen bleiben, alles wurde hinter verschlossenen Türen geplant. Hier in Berlin war der Umgang insgesamt offen und freundlich, ich gehörte einfach dazu. Und auch das Privatleben blieb nicht im Verborgenen, wir tauschten uns aus, erzählten uns alles Mögliche. Und weil mir entwürdigende

Situationen wie das Auf-dem-Boden-Rutschen und die Roll-stuhlwechsel erspart blieben, war ich ganz gelassen, konnte lustige Sprüche klopfen und unverkrampft mit meinen Kolleginnen und Kollegen umgehen. Einmal miteinander gelacht, und schon versteht man sich auch mit den Menschen, von denen man dachte, sie würden einen gar nicht mögen.

Es gibt ja auch viele Menschen mit Händen und Füßen, die dieselben Kontakthemmungen haben wie ich. Vielleicht hat es etwas mit dem innersten Selbst zu tun, mit dem Teil des Menschen, den man auch Seele nennen könnte. Dieses kleine Vögelchen in unserem Herzen oder im Bauch, das solche Furcht davor hat, etwas falsch zu machen oder abgelehnt zu werden. Dass das Gegenüber mich vielleicht nicht für voll nimmt, doof oder albern findet oder mich im schlimmsten Fall sogar belächelt.

Humor ist die beste Medizin

Ich muss diese gedankliche Hemmschwelle immer wieder überwinden. Aber wenn ich das schaffe, denke ich mir, wird es vielleicht auch für die anderen leichter, ihre Scheu mir gegenüber zu verlieren. Dabei helfen mir oft mein Humor und mein spontanes Lachen, Brücken zu schlagen.

Mit einem Kommilitonen habe ich einmal die verbindende Wirkung von Humor besonders schön erlebt. Markus kam ein Semester nach mir an die Uni, ich hätte ihn gerne kennengelernt, doch er wirkte distanziert, abweisend. Also blieb auch ich auf Distanz, bis wir uns eines Tages überraschend auf einer spontanen WG-Party begegneten. Als ich ihn sah, war ich erst einmal angespannt, wollte mich bloß nicht blamieren, kauerte still auf einem Stuhl in der Ecke und nippte an einer Cola. Irgendwann erzählte ein Partybesucher einen Witz, den jedoch niemand verstand – außer Markus und mir. In dem Augenblick, als aus uns beiden das Lachen herausplatzte, begegneten sich unsere Blicke. Das war ein magischer Moment, der alles veränderte zwischen uns. Von da an verstanden wir uns super.

Es gibt ein Sprichwort, das ich sehr mag: »Humor ist die Medizin, die am wenigsten kostet und am sichersten hilft.« Stimmt. Und zwar nicht nur, wenn es um andere geht. Ich nehme mich auch gerne selbst mal auf den Arm. Das hilft mir, mich nicht allzu ernst zu nehmen, und signalisiert gleichzeitig den Menschen in meiner Umgebung, dass sie bei mir keine Angst vor Fettnäpfchen haben müssen. Mir ist tausendmal lieber, einer macht mal einen losen Scherz mit mir, als dass er vor meinem Rollstuhl eine Schleimspur zieht. Jetzt fragen Sie sich vielleicht: Geht das denn? Darf man Witze über Rollstuhlfahrer machen? Man kann und man darf. Die schlimmsten Behindertenwitze kommen von Behinderten selbst, das kann ich Ihnen sagen. Mein liebster geht so:

Eine Frau gibt folgende Annonce auf: »Suche netten Mann, der mich nicht verlässt, nicht verprügelt und auch noch gut im Bett ist.« Zwei Wochen später läutet es an der Tür. Die Frau macht auf und vor ihr sitzt ein Typ im Rolli ohne Arme und Beine. »Ich komme wegen der Annonce. Ich bin genau der Richtige! Keine Arme – ich schlag Sie nicht. Keine Beine – ich hau nicht ab!« Na toll, sagt die Frau, und was ist mit dem Gut-im-Bett-Sein? Na ja sagt er, wie glauben Sie, dass ich ge-läutet habe?

Mein Motto: Über sich selbst lachen zu können, ist eine wich-tige Fähigkeit, das Leben ist viel zu lustig, um immer ernst zu bleiben.

Humor half und hilft mir natürlich auch, um beruflich an-dere Menschen kennenzulernen und mit ihnen vertraut zu werden. Humor öffnet da viele Türen, erleichtert einen Ge-sprächsanfang, und Humor lässt einen schnell erkennen, ob mit jemandem die Chemie stimmt oder nicht. Wenn das Ge-spräch nach einem humorvollen Einstieg erst mal läuft, fällt es mir auch leichter zu erzählen, was ich alles mache und dass ich nicht den ganzen Tag auf dem Sofa liege und »meine Füße hochlege«.

Lassen Sie mich an dieser Stelle noch einmal kurz Gerd vor-stellen (dem Sie ja im Kapitel »Ich bewege, also bin ich« schon einmal begegnet sind): Gerd ist ein sehr engagierter ehema-liger Manager im Un-Ruhestand, dem es nicht so liegt, seine Beine hochzulegen … Ich lernte ihn glücklicherweise genau zu der Zeit kennen, als mir klar wurde, dass ich einen größe-ren Sinn hinter meiner Arbeit brauche – etwas, wofür mein Herz schlägt.

Gerd befasst sich mit dem Thema Diversity. Er bringt eine unheimliche Energie auf und steckt mich damit an. Im Lauf der Zeit entwickelte sich eine enge Freundschaft; er wurde mein Mentor. Jemand, der mich stark prägen und mir sehr viel mitgeben sollte.

Die Lust am Vortrag

Das war etwa in der Zeit, als ich auch begann, Vorträge über mein ganz normales Leben zu halten. Der erste Anstoß kam von meiner Autowerkstatt. Frank Sodermanns, der Besitzer des Autohauses, fragte mich eines Tages – das ist etwa vier Jahre her –, ob ich mir vorstellen könnte, ihn beim Tag der offenen Tür zu unterstützen. Leuten mein Auto zeigen, Gespräche führen … und vielleicht einen kleinen Vortrag halten – über mich und wie ich lebe. Ich stimmte sofort zu, weil ich diese neue Herausforderung spannend fand, machte mir aber erst später Gedanken dazu: Was sollte ich bloß erzählen? Wen interessierte schon mein Leben? Wie langweilig, dachte ich und rief in meiner Verzweiflung Madita an, meine beste Freundin. Sie ermutigte mich und half mir, etwas Sinnvolles vorzubereiten. Ich saß dann ungefähr 20 Menschen gegenüber und erzählte davon, wie es ist, ohne Arme und Beine zu leben.

Dreimal hielt ich diesen Vortrag und bekam sehr viel positives Feedback, auch vom Chef persönlich.

Irgendwie hatte ich Blut geleckt, wollte weitermachen und mehr Menschen erreichen. Tja, und dann kam Gerd. Er ermutigte mich dazu, größere Bühnen anzusteuern und durch die Vorträge über mein Leben anderen Mut zu machen, andere zu motivieren!

Gemeinsam drehten wir ein Video über mein Leben mit Auto, Studium, Auslandssemester und Praktikum. Eines Tages rief er an und fragte, ob ich mir vorstellen könnte, bei einer großen Diversity-Konferenz des Tagesspiegel und der Charta der Vielfalt in Berlin aufzutreten. Berlin? Immer! Aber eine so große Konferenz? »Du kannst das, alles kein Problem«, hörte ich immer wieder und sprang ins kalte Wasser.

Gerd ist von Berufs wegen ein großer Vernetzer und hatte über seine Verbindungen bald das Interesse der Veranstalter geweckt. Vor dem großen Auftritt, bei dem ich in drei Workshops den schon eingangs erwähnten Film zeigen und meinen Vortrag halten konnte, hatten wir noch eine Art Vorpremiere bei der Mitgliederversammlung des Völklinger Kreises, dem Bundesverband Schwuler Führungskräfte. Gerd ist dort engagiert, vor allem zum Thema Diversity, und so konnte ich gewissermaßen einen Probelauf machen. Es war ein ganz besonderes Erlebnis, mein Video vor ungefähr 150 gestandenen Managern zu zeigen. Ich zitterte während der gesamten 7 Minuten leicht und konnte es überhaupt nicht fassen, was für ein überwältigendes Feedback wir bekamen! Ich, als kleiner Student, vor Führungskräften! Von dem Zeitpunkt fing ich an, zu verstehen, warum ich mit meinen Themen in die Öffentlichkeit gehen sollte.

Der erste große Auftritt

Der erste große Auftritt in Berlin war großartig und der Startschuss für eine ganze Reihe von Vorträgen und Interviews in

Die Frisur sitzt, die Krawatte auch und das Publikum ist ganz bei mir:
So muss es sein!

ganz Deutschland, bei Verbänden, in Großunternehmen, bei Medien, bei der Aktion Mensch, im Rundfunk und Fernsehen.

Damals fand ich auch zu meinem Lebensmotto: »Ich kann viel mehr, wenn man mich nicht behindert!« Das ist meine Kernaussage, die ich mit aller Vehemenz vertrete. In meinen Vorträgen mache ich mein Publikum auf Barrieren und Komplikationen aufmerksam, die mich und Menschen mit ähnlichen Handicaps behindern. Ich versuche, ihnen klarzumachen, dass es allzu oft nicht meine fehlenden Arme oder Beine sind, die die Behinderung ausmachen. Sondern allgegenwärtige Dinge wie Stufen, zu schmale Türen, kaputte Aufzüge oder Kopfsteinpflaster. Oder auch Barrieren in den Köpfen anderer. Die versuche ich mittels meiner Botschaft Stück für

Stück abzubauen, damit es beim Anblick von einem Typen wie mir, einem ohne Arme und Beine, keine Hemmschwellen mehr gibt. Damit letztlich alle Menschen mit all ihren verschiedenen Besonderheiten und Merkmalen friedlich miteinander kommunizieren und leben können!

Ich habe eine ganze Zeit gebraucht, bis ich verstand, dass Dinge und Themen, die für mich völlig selbstverständlich sind, für andere Menschen interessant sein können. Ich habe akzeptiert, dass meine Lebenssituation und meine mutige, ehrgeizige Art mit ihr umzugehen eine besondere ist, die es wert ist, erzählt zu werden. Und am besten tue ich es selbst. Ich bin ja schließlich der Experte dafür!

Aber ist denn nicht im Grunde jeder Experte für sein Leben und hat nicht jedes Leben seine Besonderheit? Genau da liegt der Hund begraben: Man muss die eigene Besonderheit erkennen! Leicht gesagt, nicht wahr?

Während meiner Vorträge fühle ich mich wunderbar, das sind für mich Momente stillen Glücks. Dafür schlägt mein Herz, andere zu motivieren und sie dazu anzuregen, ihr Leben positiver zu sehen und anzugehen.

Doch ist es wirklich so, dass alles immer perfekt sein muss? Ist das nicht auch langweilig? Viel spannender ist es doch, etwas zu verändern und zum Gestalter zu werden. Das erste Praktikum war für mich nicht perfekt, aber liegt nicht genau darin das Positive? Statt einen perfekten Job in einer perfekten Umgebung zu finden, besteht meine Leidenschaft wohl eher darin, mir Verbündete zu suchen und gemeinsam Strategien zu überlegen – ähnlich wie in meinen Vorträgen.

Wie Sie wissen, zählt das Reisen zu einer meiner größten Lei-
denschaften. Es fordert viel Mut von mir, aber bereichert mich
ungemein. Schon als kleiner Junge war ich mit meiner Familie
oft unterwegs. Meine Eltern standen meist schon am letzten
Schultag vor den großen Sommerferien mit dem vollgepack-
ten Wohnwagen an der Schule und sammelten meine Geschwister und mich ein. Und schon zog die Karawane los, auf
direktem Weg Richtung Autobahn. In unserem Wohnwagen
haben wir im Lauf der Jahre halb Europa bereist und dabei
sehr viel erlebt. Das hat meine Reiselust erst so richtig befeuert.

Mein Alltag in Deutschland ist so durchdacht und struk-
turiert, dass ich es kaum erwarten kann, immer wieder aus
diesem Korsett auszubrechen. Einerseits brauche ich Routine,
Pläne und klare Absprachen, um meinen Alltag gut bewältigen zu können und mich sicher zu fühlen. Andererseits lang-
weilt mich genau diese Routine auch ziemlich schnell. Und
Langeweile ist für mich schlimmer als Stress. Gähnende Stille
und Momente, in denen ich nichts mit mir anzufangen weiß,
machen mir richtiggehend Angst. Und so versuche ich stets,
meine Routinen aufzubrechen, zu hinterfragen und immer
mal wieder etwas Neues zu wagen, nicht immer im gleichen
Trott zu leben.

Meine Eltern erzählen bis heute gerne, wie ich als Dreikäsehoch meine Neugier zum Ausdruck gebracht habe: »Ich würde gerne mal in alle fremden Wohnungen hineinsehen. Ich weiß ja nur, wie wir leben, aber nicht, wie es bei anderen Leuten ist!« Das hat sich bis heute nicht verändert. Es gibt so viele unterschiedliche Lebensentwürfe und Vorstellungen, über die ich mehr erfahren möchte. Wie fühlt sich Zu-Hause-Sein in Namibia an, wie in Myanmar? Was machen die Leute in Dubai, wenn sie mal nicht in einer der tausend Malls shoppen gehen? Wohin geht der Markthändler in Bangkok, wenn er seinen Stand abgebaut hat? Hat der Elefantenführer zu Hause noch andere Haustiere? Wie verbringen die Jugendlichen des Dschungels ihre Freizeit? Wie sehen die Blechhütten Namibias von innen aus? Zieht es nachts in den Bambushütten am Fluss, und warum räumen die Menschen in Kambodscha nicht mal den Müll weg, in dem sie den ganzen Tag sitzen? Was denkt der Kutscher in Laos selbst über seine kaputten Zähne, und wie schmecken eigentlich Betelnüsse? Während für mich als Arm- und Beinloser der Kopf der wichtigste Körperteil ist – denn mein Leben erfordert viel Planung, Vorausschauen und Organisieren, und das geht nun mal am besten mit dem Kopf –, sind andere Menschen auf ganz andere Dinge angewiesen. Für die Bauern in Myanmar ist es zum Beispiel lebenswichtig, dass Arme und Beine gut funktionieren oder dass die Kühe auf der Weide gesund sind. Ich frage mich oft, wie muss sich das eigentlich anfühlen, wenn man nicht so sehr auf seinen Kopf angewiesen ist, sondern wenn andere Dinge wichtiger sind? Wenn man nicht darauf angewiesen ist, dass einem ständig neue Ideen für kreative Lösungen einfallen?

Es erweitert ungemein den Horizont, wenn man lernt, dass das, was bei uns längst selbstverständlich ist, in anderen Ländern noch nicht einmal als Idee existiert. Und dass wir als Europäer in fernen Ländern oft eine Sonderbehandlung bekommen, sozusagen in einer versteckten Parallelwelt leben, während die Einheimischen sich mit viel weniger zufriedengeben müssen. Wenn wir uns verletzen, steht uns das private Krankenhaus mit allen europäischen Standards offen. Wenn wir Hunger haben, gibt's Menüs zu jeder Tageszeit, und sind wir müde, wartet hinter der hohen Mauer eine grüne Oase mit einer Hängematte zwischen Springbrunnen auf uns. Solche Erfahrungen machen mich nachdenklich, manchmal auch traurig. Wenn wir, hinter dunklen Scheiben verborgen, mit dem klimatisierten Taxi durch die befriedete Favela Brasiliens oder den Slum Namibias fahren, wird mir bewusst, in welchem Überfluss wir in der westlichen Welt leben, wohingegen manche kaum etwas besitzen. Wenn ich dann wieder nach Hause komme, gehe ich jedes Mal etwas bewusster und dankbarer durch meine gewohnte Welt und fühle – durch das Privileg meiner Heimat – eine Art Verpflichtung für mein Leben. Eine Verpflichtung, das Beste aus meinen vielen Möglichkeiten zu machen.

(Un-)Eingeschränkt unterwegs

Rollstuhlfahrer sind mobilitätseingeschränkt, das ist etwas, was wohl viele Menschen im Kopf haben, eines der vielen Vorurteile unserer Welt. Aber stimmt das? Bin ich tatsächlich in meiner Mobilität eingeschränkt? Eine schwierige Frage, die ich weder mit einem klaren Ja noch mit Nein beantworten kann. Also, Fahrradfahren kann ich nicht, Taxifahren ist – zumindest in Deutschland – auch kaum möglich, denn deutsche Taxen sind im Gegensatz zu denen in London nicht rolligerecht. Straßenbahn zu fahren ist auch oft ein Ding der Unmöglichkeit. Dennoch würde ich nicht sagen, dass ich mich durch diese Tatsachen eingeschränkt fühle oder mich einschränken lasse. Ich habe ja mein Auto, das gleicht vieles aus, und gedanklich bin ich sowieso völlig uneingeschränkt in meiner Mobilität. Kein Land ist mir zu weit weg oder zu schwierig zu erkunden. Reisen bietet mir eine gute Möglichkeit, mir und anderen zu beweisen, dass ich nicht eingeschränkt bin, sondern dass vielmehr die Voraussetzungen verbessert werden müssen, um mich noch mobiler zu machen. Ich liebe es, staunende Blicke und offene Münder hervorzurufen und andere Menschen aus ihrem fest eingeprägten Weltbild zu reißen. Einem Weltbild, in dem Rollstuhlfahrer nicht verreisen und somit von weiten Teilen des gesellschaftlichen Lebens ausgeschlossen sind.

Wenn ich unterwegs bin, bedeutet das auch immer, auf Dinge zu verzichten, die zu Hause selbstverständlich für mich sind. Zum Beispiel bin ich auf einigen Fernreisen ohne meinen Elektrorollstuhl unterwegs, weil ich sonst auf vielen Wegen und Pfaden nicht vorankäme. Damit bin ich aber auch hilfsbedürftiger und abhängiger von meinen Reisebegleitern und es kommt mitunter zu skurrilen Situationen. Als ich das erste Mal allein geflogen bin, musste ich – auf dem Weg nach Brasilien – in Rom umsteigen. Zwei italienische Flugbegleiter holten mich am Flugzeug ab. Ich war schon sehr nervös, weil die Zeit knapp war und die beiden so gut wie kein Wort Englisch sprachen. Nur sehr mühsam konnten wir uns verständigen, das Boarding meines Anschlussflugs sollte in wenigen Minuten beginnen. Sie schoben mich durch den ganzen Flughafen, folgten dabei aber nicht der Beschilderung für Transitreisende. Auf mein verzweifeltes »I have a transit flight, to Brasil! Transit! Next flight!«, reagierten sie mit der typisch italienischen Gelassenheit, die mich ganz verrückt machte. Ich versuchte, zumindest ein wenig den Italiener in mir zu wecken und mich zu beruhigen, bis sie mich in einer Art Tiefgarage mit dem Gesicht zur Wand abstellten. Was sollte das denn jetzt? Mit Mühe brachte ich sie dazu, mich wenigstens umzudrehen, damit ich mich im Raum umsehen konnte. Aber das war's. Noch ein cooles »Ciao«, und die beiden gingen ihrer Wege. Da saß ich nun ganz allein in diesem düsteren Flur, und Panik stieg in mir hoch. Wie sollte es jetzt weitergehen? Wer konnte mir weiterhelfen? Wie kam ich von hier wieder weg? Ich wusste nicht einmal, in welchem Teil dieses blöden Flughafens ich mich befand, und konnte auch keine Beschilderung finden!

Nach einiger Zeit wurden zu meiner großen Erleichterung weitere Rollifahrer neben mir geparkt. Offensichtlich war ich weder entführt noch verschleppt worden, sondern in einer Art Abstellbereich für Rollifahrer gelandet. Irgendwann tauchten andere »Helfer« auf, die ab hier anscheinend für uns zuständig waren. Ich fühlte mich total ausgeliefert, und dass der Verantwortliche ebenfalls kein Englisch sprach und nur wild mit den

Armen fuchtelnd in sein Funkgerät schrie, machte das ganze Elend auch nicht besser. Gerade erlebte ich das, was ich in meinem Leben immer zu vermeiden suche: geradezu ohnmächtig, ganz und gar abhängig von anderen zu sein.

Ich stand einfach nur herum. Niemand schien es für notwendig zu halten, mir etwas zu erklären. »Hallo«, hätte ich am liebsten geschrien »ich bin kein Koffer, den man einfach so irgendwo abstellen kann!« Nach 20 langen Minuten der Ungewissheit wurde ich endlich von zwei weiteren Schiebern – wiederum in aufreizend gemächlich-italienischem Tempo – weiter geschoben und erreichte viel zu spät als Letzter das Flugzeug.

Wie auf den meisten Reisen war ich auch hier mit Freunden unterwegs, die ich – schweißgebadet vor Angst um mich und davor, dass ich meinen Anschluss verpassen würde – in der Maschine endlich wiedertraf. Sie waren schon vor mir nach Rom geflogen und hatten hier auf mich gewartet. Telefonisch hatte ich sie über meine Misere auf dem Flughafen informiert, daher waren sie schon in Sorge gewesen. Sven, Torsten und ich sind eine sehr gut eingespielte »Reise-Gang«, wir haben schon mehrmals gemeinsam die Welt unsicher gemacht. »Da haben sich drei gesucht und gefunden«, würde man sagen. Die beiden sind Back-Packer und waren schon oft fernab der ausgetretenen Touristen-Pfade unterwegs. Abenteuerlustig, wie wir alle sind, suchen wir immer wieder Situationen, die uns manchmal an, manchmal auch über unsere Grenzen bringen. Wir brauchen die Abwechslung, den Adrenalinkick, das Neue. Ich weiß, dass ich mich selbst im tiefsten Dschungel blind auf

sie verlassen kann. Auch wenn sie mich abwechselnd hucke-
pack tragen müssen, angekommen sind wir bislang immer.

Unsere Reisen dauern meistens etwa drei Wochen. Da sind wir
dann rund um die Uhr zusammen und gehen einander auch
oft auf den Wecker. Kompromissbereitschaft fordert diese Zeit
allemal. So müssen wir zum Beispiel unsere Sightseeing-Ak-
tivitäten gemeinsam besprechen und uns darauf einigen, ob
wir nun alle 20 oder vielleicht nur 17 Tempel anschauen. Für
jemanden wie mich, freiheitsliebend, mit klaren eigenen Vorstellungen und einem starken Bedürfnis nach Ruhe zwischen
den Adrenalinschüben, sind diese Wochen in der Fremde
keine leichte Übung. Währenddessen fühle ich mich oft zwischen zwei Sehnsüchten hin und hergerissen: Unabhängigkeit
und Abenteuer!

Mit der totalen Abhängigkeit ist das dann so eine Sache.
Ohne meinen eigenen Rollstuhl kann ich praktisch nie für
mich sein. Denn ohne Joystick und Elektronik komme ich –
da kann ich noch so aktiv sein – keinen Zentimeter vom Fleck,
außer es geht bergab. Auch bei kleinen alltäglichen Dingen,
die ich zu Hause ohne Weiteres selbst erledige, brauche ich
Hilfe. Nichts ist so ausgelegt, dass ich alleine zurechtkäme:
die Hotels nicht, der Verkehr nicht, nicht einmal mein Rucksack. Ständig muss ich um alles bitten. Das will ertragen werden – nicht nur von meinen Begleitern, auch von mir. Auf
Reisen geht es ja immer auch darum, alles einmal aus einem
anderen Blickwinkel zu betrachten, die Perspektive zu wechseln. Wenn man so reist wie ich, dann vollzieht sich dieser

Perspektivwechsel im doppelten Sinne. Mit meinem Reiserollstuhl habe ich nicht die Möglichkeit, meine Sitzfläche rauf und runter zu bewegen; so kann ich meinen Mitmenschen nicht auf Augenhöhe begegnen. Vielmehr befinde ich mich auf »Auspuffhöhe«! Die verschiedensten Gerüche landen immer auf direktem Weg in meiner Nase. Die Welt sieht aus dieser Perspektive nicht nur total anders aus, sondern riecht vor allem anders. Und gerade in so geruchsintensiven Gegenden wie in Asien habe ich entsprechend früher »die Nase voll« als meine Begleiter. Auf dem Markt in Bangkok wäre ich einmal fast ohnmächtig aus dem Rollstuhl gekippt, während Sven und Torsten sich noch an exotischen Früchten, frischem Fisch, Fleisch und tausenderlei Aromen aus den allgegenwärtigen Garküchen erfreuten.

Trotz dieser kleinen und großen Hürden überwiegen bisher zum Glück der Drang nach Abenteuer und das Fernweh. Wer die Welt sehen will, muss auch Kompromisse eingehen. Und am Ende bin ich doch jedes Mal froh, dass ich dank meiner Freunde all die abenteuerlichen Verrücktheiten, die ich mir so ausdenke, auch erleben darf!

Bei einem Zwischenstopp in Dubai kam ich aus dem Kopfschütteln gar nicht mehr heraus. Dieser unfassbare Reichtum, diese unglaublichen Gegensätze! Hier das wasserreiche Paradies, dort, ganz in der Nähe, die dürre, lebensfeindliche Wüste. So viel Armut – und so viele Millionäre, die gar nicht wissen wohin mit ihrem Geld. Die Stadt scheint ein einziges Shoppingparadies, eine Mall reiht sich an die andere. Dieser völlig absurde Gold- und Glitzerwahn – es gibt sogar Goldautoma ten, falls man spontan im Vorbeigehen noch ein Bröckchen davon kaufen möchte. Aber was, wenn man keine Lust auf Einkaufen hat? Ein Stadtbummel zu Fuß, ein Spaziergang ist praktisch undenkbar. Die halbe Stadt ist durchzogen von vierspurigen Straßen und unüberwindbaren Leitplanken. Selbst kürzeste Strecken muss man mit dem Auto zurücklegen. Wir waren nicht mit dem Auto unterwegs, dafür aber mit einem Rollstuhl! Schwierig, denn es gibt praktisch keine Gehwege, keine Fußgängerübergänge. Eine Straße mal eben überqueren? Das macht dort keiner! Außer uns natürlich.

Ja, wir drei Abenteurer haben es nämlich gewagt. Wir hatten uns in den Kopf gesetzt, auf der Dachterrasse eines nahe gelegenen Hotels einen Drink zu nehmen, und fanden es absurd, die 500 Meter mit dem Taxi zu fahren. Torsten und Sven hievten mich mitsamt dem Rollstuhl über Leitplanken und erklommen mit ihrer schweren Last mehrere Böschungen, um irgendwann unvermittelt auf einem Stück Brachland zu landen. Zwischen all den glitzernden Einkaufszentren und Luxushotels tun sich nämlich an vielen Stellen plötzlich Baulücken auf, in denen sich die Wüste breit macht, so als wollte sie sich dort von der künstlich erbauten Stadt ihren natürlichen Lebensraum zurückerobern. Wir schafften es schließlich, alle natürlichen und unnatürlichen Hürden zu überwinden. Als wir endlich am Hotel ankamen, wurden wir wie Außerirdische angegafft, bestellten dennoch unsere Cocktails und genossen die Aussicht von der Dachterrasse.

Der Abenteurer in mir

So laut und anstrengend sie auch sind, ich mag Großstädte und Metropolen. Ich liebe das Straßenleben mit seinem Stimmengewirr, die Märkte, die Cafés, auch wenn ich mich immer erst einmal an dieses Tohuwabohu gewöhnen muss. Vor allem in Asien ist das Chaos unbeschreiblich; der Lärmpegel auf Straßen und Plätzen extrem hoch. Ich erinnere mich an einen kleinen Grenzort an der thailändisch-kambodschanischen Grenze: Diese Mischung aus Kolonialbauten, Blechhütten, Müllhalden und dazwischen kleinen Buden, in denen es alles Erdenkliche zu kaufen gab, hat mich umgehauen. Ein einziges Durcheinander an schwarze Rauchwolken ausstoßenden Lkw, wild hupenden Taxen, Reisebussen und Motorrädern – und mittendrin wir als Fußgänger, oder sollte ich besser sagen: Staubfänger? Meine Nase und die Auspuffgase schienen eine untrennbare Verbindung eingegangen zu sein.

Meine Jungs und ich legen viel Wert auf die richtige Mischung von Stadt und Land, von fremder Zivilisation und unberührter Landschaft. Die Bilder davon begleiten mich auch zu Hause durch meinen Alltag. Besonders beeindruckt hat mich in Myanmar der Golden Rock, ein riesiger Felsen am Abgrund. Der Legende nach wird er von zwei Haaren Buddhas im Gleichgewicht gehalten, sodass er nicht abstürzt. Tausende Pilger bringen dort als rituelle Geste Plättchen aus Gold an, im Laufe der Zeit wurde er ein gigantischer Goldklumpen. Um dorthin zu kommen, mussten wir eine wahnsinnig beschwerliche Reise auf uns nehmen – in Zügen, die eher an Pferderücken und Achterbahnen erinnerten, auf Lkw-Ladeflächen,

Diese Wassermassen! Ein überwältigendes Naturspektakel!

zusammengepfercht wie Hühner auf einer Stange, zu Fuß über unzählige Stufen. Oben angekommen, wussten wir, was wir geschafft hatten: den Jahresbeitrag fürs Fitnessstudio gespart! Und was wir verpasst hatten: vor der Fahrt mit dem Lkw über schmale, halb abgerutschte und sehr steile Straßen den Berg hinauf noch schnell eine Lebensversicherung abzuschließen!

Wenn wir über Land fahren, zieht uns die grandiose, ursprüngliche Natur ganz in ihren Bann. Bei den Iguazú-Wasserfällen an der argentinisch-brasilianischen Grenze war ich völlig geflasht. Ein paradiesisch schöner Ort, fast surreal mit dieser Mischung aus Licht, Landschaft und wildem Wasser. Unbeschreiblich, wie die gewaltigen Wassermassen mit ohrenbetäubendem Getöse in die Tiefe stürzen, dafür gibt es keine Worte. Umso atemberaubender, dieses Wunder vor sich zu sehen. Ich habe mir sogar ein Foto davon auf Leinwand drucken

Auch Badeurlaub muss sein.

lassen. So kann ich mich in meinem Arbeitszimmer immer wieder an dieses erhabene Gefühl erinnern.

Diese Brasilien-Reise war überhaupt prallvoll mit solchen überwältigenden Eindrücken.

Und natürlich haben wir einen Abstecher in den Amazonas-Regenwald gemacht. Es war die schönste und beeindruckendste Anreise zu einer Unterkunft, die ich jemals erleben durfte! Wir fuhren mit Bussen und auf Pick-up-Ladeflächen über mehr oder weniger befestigte Straßen, anschließend stiegen wir von einem Boot ins nächste. Je weiter wir in die Wildnis kamen, desto kleiner wurden sie, am Ende schossen wir in wackligen Nussschalen mit einem Affenzahn durch den überschwemmten Regenwald. Wir wurden von zwei kundigen Führern begleitet, zwei wahren Scherzkeksen, die sich erfolgreich bemühten, uns immer mal wieder den Atem stocken zu lassen. Im Anschluss an die schreckensreiche Nussschalen-Fahrt verbrachten wir drei Tage in einem idyllischen Hüttendorf. Diese Tage erlebte ich komplett im Hier und Jetzt, untermalt vom steten Surren der Moskitos oder den »Schwuschschschs« der vorbeihuschenden Riesen-Geckos. Alles ohne Handyempfang und Internet, total auf sich selbst zurückgeworfen. Das musst du erst einmal aushalten! Und doch machte gerade das diese Tage zu ganz besonderen Geschenken. Nichts lenkte mich ab, ich war einfach da und hatte jede Menge Zeit, die Geräusche, Farben und Gerüche des Mangrovenwaldes aufzusaugen.

Vom Camp aus brachen wir zu unseren Exkursionen in den Dschungel auf. Mal auf dem Wasser, mal auf Landwegen. Letzteres bedeutete, dass Torsten mich in einem Tragegestell auf den Rücken schnallte. Daran werde ich mich nie gewöhnen, obwohl diese Art der Fortbewegung eigentlich bei jeder Reise mindestens einmal auf dem Programm steht – die breiten, rollitauglichen Touristenpfade sind nicht so unser Ding. Und der Urwald hat nun mal noch nichts von Barrierefreiheit gehört! Man kommt sich schon sehr nahe auf diese Art und Weise – auch in olfaktorischer Hinsicht, dank tropischer Temperaturen bei hoher Luftfeuchtigkeit mit entsprechender Transpiration. Ein solches gemeinsames Dampfbad der Gerüche kann schon eine große Herausforderung für alle Beteiligten sein. Aber ich bin bis jetzt noch jedes Mal für diese Unannehmlichkeit entlohnt worden und würde immer wieder neu ins Tragegestell einsteigen. Wie sollte ich sonst Crocodile Watching oder Piraña-Fischen erleben und im Amazonas zwischen pinkfarbenen Delphinen schwimmen?

Manchmal allerdings sind selbst mir unsere Wagnisse zu gewagt. Als wir im Norden von Thailand eine Wildwasser-Rafting-Tour gebucht hatten, habe ich mich gefragt, welcher Teufel mich da geritten hatte. Ich bin eigentlich nicht so der Achterbahntyp, hatte mich aber von Sven und Torsten überreden lassen und war relativ blauäugig mitgekommen.

Vom Rafting wusste ich nur, dass es irgendwie mit dem Schlauchboot einen Fluss hinuntergeht. Bei der Einweisung war dann die Rede von tückischen Strömungen, scharfkantigen Felsen und brausenden Wasserfällen, die wir zu überwinden hätten. Und wenn jemand über Bord ginge, oje, dann müsse man ihn ganz schnell wieder ins Boot holen, weil die Strömung extrem gefährlich sei. Abenteuerlust hin oder her –

da rutschte mir dann doch das Herz in die Hose bei gleichzeitig stetem Anstieg des Panikpegels. Ich bin der Erste, der über Bord geht, da war ich mir sicher, und dann würde ich wie ein Ziegelstein untergehen. Doch es gab kein Zurück, schon hieß man uns, Schwimmwesten anzulegen und Helme aufzusetzen, und gleich darauf ging es los. Zunächst zu Fuß zu einer steilen Klippe. Jetzt blieb mir das Herz wirklich stehen. Unter uns war der tosende Fluss, zu dem eine rutschige Treppe führte, die in die halsbrecherisch steile Felswand eingelassen war. O Gott, war mir schwindelig. »Bloß nicht runter gucken!«, ermahnte ich mich selbst und biss mir schmerzhaft auf die Lippen. Ich zitterte am ganzen Körper – bei 35 Grad Außentemperatur. Der gute Sven, der mich auf seinen Armen trug, versuchte, mich zu beruhigen und setzte bedächtig einen Fuß vor den anderen, bis wir unten am tosenden, schäumenden Fluss ankamen, wo das Boot auf uns wartete. Ich weiß bis heute nicht, warum ich am Ende tatsächlich eingestiegen bin. Doch schnell robbte ich in die Mitte des Bootes, kauerte mich dort auf den Boden und wartete, bis es losging. Die anderen saßen auf dem Rand und sollten eigentlich alle gemeinsam rudern. Sven war davon befreit, denn ihn hatte ich dazu verpflichtet, mich die ganze Zeit über festzuhalten.

Von der Fahrt selbst ist mir wenig in Erinnerung geblieben – außer dass tatsächlich kurzzeitig jemand über Bord fiel, ich am Ende klatschnass war und natürlich, dass ich es irgendwie überlebte. An das Gefühl der Erleichterung, als ich – am ganzen Körper zitternd – am Ausgang der Schlucht wieder festen Boden unter den Füßen spürte, werde ich mich dagegen mein

Leben lang sehr plastisch erinnern. In das Gefühl unendlicher Erleichterung mischte sich der Stolz, diese Fahrt trotz meiner Riesenangst »gepackt« zu haben. Ich hatte es tatsächlich durchgezogen, statt meiner Panik nachzugeben. Was machten da schon die paar blauen Flecken, die ich abbekommen hatte, weil ich mich so krampfhaft in und an das Boot geklemmt und geklammert hatte!

Klar, solche Abenteuer gehören nicht zu den typischen Beschäftigungen eines Menschen wie mir. Aber soll ich immer nur das tun, was typisch ist? Immer den Ängsten und Warnungen anderer folgen? Lieber probiere ich aus, was für mich neu und herausfordernd ist. Nur so kann ich mich weiterentwickeln, meine Grenzen bis aufs Äußerste erweitern und Spaß haben wie alle anderen auch.

Ich spüre eine tiefe Dankbarkeit für all die wunderbaren und vielfältigen Eindrücke und Gedanken, die mir meine Reisen bescheren. Sie machen jede Anstrengung, jede Mühe, die so eine Reise mit sich bringt, tausendfach wett. Gleichzeitig freue ich mich dennoch jedes Mal, wieder nach Hause zu kommen. Hier kann ich dann mein Leben und meine Unabhängigkeit, die mir der Elektrorollstuhl und der Sprinter ermöglichen, wieder neu und ganz anders genießen. Im Bewusstsein, dass es mir trotz allem im Vergleich zu vielen anderen Menschen irgendwo auf der Welt so unendlich gut geht. Und das koste ich so lange aus, bis mich nach wenigen Wochen ein weiteres Mal das Fernweh packt …

Die Geschichte hinter der Geschichte

Als ich elf Jahre alt war, wollte ich unbedingt ein Buch schreiben. Zum einen wollte ich meine Erlebnisse und Gedanken für mich festhalten, aber auch andere daran teilhaben lassen.

»Janis, schreib doch mal darüber, wie die Zeit vor deiner Geburt war«, sagte mein Vater zu mir, als sei dies die selbstverständlichste Geschichte für einen Elfjährigen. Es klang einfach, geradezu wie ein Kinderspiel. Ist doch klar, wie das war, dachte ich mir und zog mich in mein Zimmer zurück. Alles war vorbereitet, DIN A4-Papier hatte ich halbiert und mit meinem lecker nach Marzipan riechenden Kleber an der linken Seite zusammengeklebt. Mein erstes Buch sollte schließlich auch aussehen wie ein Buch – »mundgeschrieben!«

Ich war hoch motiviert und überzeugt davon, schwer reich zu werden. Von dem üppig sprudelnden Geld wollte ich mir dann mehr Papier, Stifte und Kleber, und ganz bestimmt auch ein paar Süßigkeiten kaufen.

Schnell gestaltete ich die Titelseite und begann zu schreiben, es flutschte nur so! Mein Buch wuchs so rasant wie mein Autoren-Selbstbewusstsein.

»Natur ist für mich Quelle der Inspiration«, las ich wenig später von einem Autor, der zum Schreiben in die abgelegene Natur fährt. Ablenkung bot mir meine gelb-orangene Raufasertapete zwar nicht, doch da ich nun ein richtiger Autor war, musste ich mich auch so verhalten, dachte ich und zog fest entschlossen in die inspirierende Natur unseres Gartens. So schrieb ich auf unserem Rasen zwischen Erdbeerpflanzen und Apfelbaum weiter. Um mich herum tobten meine Geschwister. Die waren so kindisch, konnten sie nicht einfach mal Ruhe geben und, so wie ich, etwas Vernünftiges tun? Meine Kindheit hatte ich längst gegen mein Autorendasein eingetauscht. Tiefer und tiefer versank ich in den Worten meines Füllfederhalters.

50 Seiten später war es dann soweit: Die Vorstellung meines ersten Buches konnte beginnen. Feierlich überreichte ich meinem Vater mein Werk, der auch sofort begann, darin zu lesen.

Und während ich mir in der Zwischenzeit erlaubte, doch kurz mal wieder Kind zu sein, und mich zum Spielen in den Sandkasten setzte, wartete ich gespannt auf das väterliche Feedback. Zwei Sandburgen und eine zerschlissene Hose später war es so weit: »Toll geschrieben, ein richtig klasse Buch – und wirklich spannend, was du so erlebt hast!« Seine Worte freuten mich, nun war ich ein echter Autor, fühlte mich der Zunft der Schreiber zugehörig, die mir mystisch und zugleich fesselnd erschien. Das Bild eines Mönches, der zu Beginn des Buchzeitalters bei Kerzenschein in seinem holzverkleideten Zimmer sitzt und mit seiner Feder Menschheitsgeschichte schreibt, wollte mir nicht mehr aus dem Kopf gehen. Jetzt war ich einer von ihnen, ein Erwachsener. Endlich würde ich mir beim Essen auch erlauben können zu sagen, wenn mir etwas nicht schmeckte – endlich könnte ich den Rosenkohl am Tellerrand liegen lassen, so wie es die Großen tun.

Diese Rechnung hatte ich jedoch ohne meine Eltern ge-macht, die mir bei der nächsten Mahlzeit mein Alter schlag-artig wieder ins Bewusstsein riefen. Wozu wurde man dann überhaupt Autor, fragte ich mich, wenn man trotzdem Rosen-kohl essen musste?

Meine Vorstellung eines Lebens in den Fußstapfen der mittelalterlichen Mönche zersprang wie eine Glasscheibe in tausend Scherben. Plötzlich machte alles keinen Sinn mehr. Ich pfefferte meinen Klebstoff mit Schwung in die Ecke und schoss den Stift gleich hinterher. Dann legte ich mich hin und widmete meine ganze Aufmerksamkeit dem Ärger über den Erfinder dieses abartigen Gemüses. Meine Eltern hatten rein gar nichts verstanden.

Das Schöne am Kindsein ist, dass die Welt am nächsten Morgen schon wieder ganz anders aussieht und aller Ärger verflogen ist. So war es auch bei mir.

Mit dem fröhlichen Weckruf »Jetzt müssen wir nur noch einen Verlag für dein Buch finden!«, riss mich mein Vater am nächsten Morgen aus dem Schlaf, um mich für die Schule fer-tig zu machen. Richtig, das war der nächste logische Schritt, meine Welt war gerettet. Mit Hilfe eines Bekannten fanden wir eine Zeitschrift, die meine Geschichte veröffentlichen wollte. 50 Euro gäbe es für eine mit dem Computer geschrie-bene Seite. Mir wurde ganz schwindelig bei dem Betrag. Als ich erfuhr, dass meine Geschichte zwei Seiten lang war, fragte ich atemlos meinen Vater: »Jetzt bin ich reich, oder?« Doch trotz all der funkelnden Möglichkeiten, die mir dieser neue Reichtum eröffnete, war ich ganz vernünftig, wollte erst einmal sparen und mich gleich auf das nächste Buch konzentrieren.

Meine Begegnung mit dem Papst

Drei Jahre und viele Eindrücke später stand ich im Vatikan im Petersdom und lauschte gespannt den Worten des frisch ernannten Papstes Benedikt. Die ganze Familie war mit dem Wohnwagen hierher gekommen und ich war fasziniert von der Papstkultur und der Geschichte der Päpste. Und da meine Eltern für neue Abenteuer immer zu haben waren, erkundigten wir uns, wann der Papst denn mal wieder öffentlich sprechen würde. Wenige Tage später standen wir in der Schlange der Sicherheitskontrolle. Es hatte Morddrohungen gegen Benedikt XVI. gegeben, die angespannte Stimmung der italienischen Polizei und der Schweizer Garde war deutlich zu spüren. Wir warteten gespannt, was passieren würde, bis uns plötzlich ein Polizist zu sich rief. Unter den neidischen Blicken der Wartenden wurden wir nach vorne geführt und an der Kontrolle vorbei direkt in den Vatikan gelotst. Rolli-VIP-Behandlung vom Feinsten, ganz nach meinem Autoren-Geschmack!

Papst Benedikt hielt seine Rede, und danach durften Rollstuhlfahrer und ihre Begleitpersonen ihm die Hand schütteln. Ich war begeistert und mein Herz fing wie wild an zu klopfen. Würde ich den Papst wirklich berühren dürfen? Mit ihm persönlich sprechen? Was sollte ich bloß sagen? Mit Schweißperlen steuerte ich den eleganten Papststuhl an. Mir erschien alles wie ein Traum, und die farbenfrohe Uniform der Schweizer-

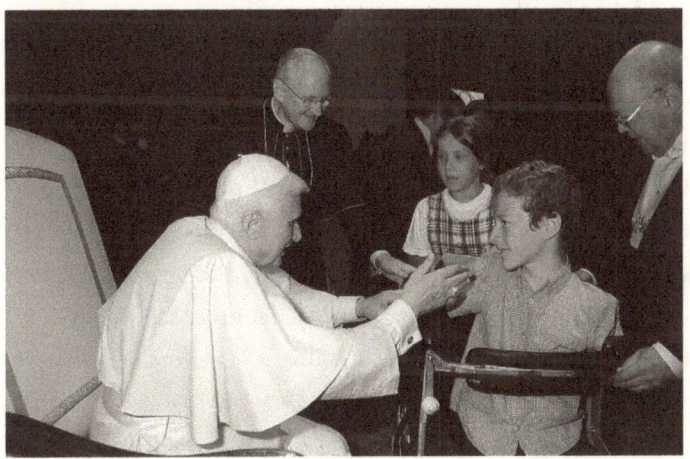
Päpstlich gesegnet versprach ich, ihm mein Buch zu schicken:
Ich hatte echt ein riesiges Autoren-Selbstbewusstsein.

garde, an der ich auf dem Weg zum Heiligen Vater vorbei
musste, verstärkte mein surreales Gefühl nur noch.

Und dann stand ich plötzlich direkt vor dem Papst und
stammelte nur ein verschüchtertes »Hallo«. Er gab mir seinen Segen, und schon sollte es das gewesen sein, sollte es weitergehen, auch weil andere Menschen bereits nachdrängelten.
Aber ich stand da wie angewurzelt, konnte einfach nicht losfahren. Ich bemerkte, wie jemand versuchte, meinen Rollstuhl
weiter zu schieben, doch ich vertraute meinen Bremsen und
bewegte mich keinen Millimeter. Und dann, ohne noch weiter zu überlegen, gab ich mir einen Ruck und erzählte dem
Papst, ich hätte mit elf Jahren ein Buch über Engel geschrieben,
ein Buch über die Zeit vor meiner Geburt. Ein Buch, das ihn
vielleicht interessieren könnte. Kaum hatte ich das ausgespro-

chen, biss ich mir so heftig auf die Lippe, dass ich den Schmerz noch tagelang verspüren sollte. Heilender Balsam kam aber schnell in Form von milden Worten des Heiligen Vaters, er sei interessiert und ich solle ihm das Buch mal zuschicken. Bis über beide Ohren glücklich grinsend fuhr ich schließlich doch noch los, natürlich nicht ohne Papst Benedikt zu versprechen, genau das zu tun. Nicht nur mir war ein Stein vom Herzen gefallen. Auch der Schweizergardist, der innerlich wohl schon über meinen Rollstuhl geflucht hatte, war sichtlich erleichtert, als ich mich endlich trollte.

Kaum zu glauben, ich hatte dem Papst mein Buch angedreht! Der restliche Urlaub war überstrahlt von diesem wunderbaren Erlebnis. Als wir wieder zu Hause waren, setzte ich mich hin und schrieb einen Brief, adressiert an »den Vatikan«. Ich erinnerte den Papst an unsere Begegnung und mein Buch und fragte nach, ob er denn noch daran interessiert sei. Einige Zeit später steckte ein sehr wichtig aussehender Brief im Briefkasten – mit dem Siegel des Vatikans. Groß, golden und majestätisch prangte es auf dem Umschlag, den ich behutsam öffnete. Zum Vorschein kam eine Antwort, geschrieben von einem Sekretär: Er habe mit Benedikt gesprochen, und dieser freue sich sehr auf mein Buch.

Die Tage vergingen, Tage, in denen ich glücklich und unter den bewundernden Augen unserer Briefträgerin zur Schule fuhr. Sie hatte natürlich mitbekommen, von wem ich Post erhalten hatte, und konnte es kaum fassen. Doch erneut geriet das Projekt für einige Wochen in den Hintergrund. Ich hatte anderes zu tun.

Meine Eltern vergaßen es jedoch nicht und ermahnten mich immer wieder, das Buch sauber abzutippen. Sie ließen es dann sogar professionell binden. Beim Durchblättern fiel mir jedoch auf, dass die Reihenfolge der Seiten nicht stimmte. Es war falsch gebunden. So konnte ich es auf keinen Fall abschicken …

Nun kam erschwerend dazu, dass ich mich in der Zwischenzeit ziemlich weit von Religion und von Kirchen distanziert hatte. Und dann stellte ich wenig später auch noch fest, dass nicht Mädchen, sondern Jungs eine gewisse Anziehungskraft auf mich ausübten, was ja bekanntlich wenig im Sinne Benedikts war. Somit verlor der Heilige Vater für mich zunehmend an Bedeutung und hat meine Geschichte bis heute nicht gelesen.

Vielleicht sollte ich aber – jetzt, wo er nicht mehr Papst ist und einiges vielleicht etwas lockerer sieht – noch einmal einen Anlauf nehmen und ihm einfach ein Exemplar des Buches schicken, das Sie in Händen halten.

Warum Danke mein Lieblingswort ist

Viele Menschen begleiten mich in meinem Leben und geben mir Kraft, Motivation und Mut, ich zu sein – dafür bin ich sehr dankbar. Einige möchte ich dabei ganz besonders erwähnen:

Danke an Euch, meine Bochumer-Eltern und die Hamburger, dass Ihr mich stets wohlwollend und ermutigend begleitet und den Grundstein für ein ganz »normales« Leben gelegt habt. Für Eure Gedanken und Geduld, mir beim Ich-Werden Zeit zu geben. Dafür auch einen großen Dank an alle meine Geschwister, die einen Teil dieses Weges mit mir gingen.

Vielen Dank an Dich, meinen Mentor und Freund Gerd Kirchhoff, für die tausenden Ideen, Deinen unermüdlichen Tatendrang, Dein immer offenes Ohr. Es macht Spaß, mit Dir zusammen zu arbeiten, von Dir zu lernen, mit Dir Neues zu wagen oder einfach mal einen Sekt zu genießen.

Vielen Dank auch an den Verlag Herder, insbesondere an Jens Schadendorf, den Sachbuch-Programmleiter, für die Idee zu diesem Buch und die immer ermutigende Begleitung des Arbeitsprozesses, sowie Ariane Hug, meine Lektorin, für die gute und verständnisvolle Zusammenarbeit. Besonders danke ich auch Manuel Herder – ich bin stolz, schon in so jungen Jahren ein Herder-Autor sein zu dürfen.

Danke auch an Euch, Bernd Görner und Christine Weiner,

die Pflegeeltern dieses Buches, dass Ihr mir hilfreich unter die Arme gegriffen habt.

Ich danke Dir, Frank Sodermanns, und Deinem Team dafür, dass Ihr mir eine erste Bühne als Motivationsredner gegeben habt und meinen Sprinter immer flott haltet.

Ebenso danke an Dich, Norbert Haug, für Deine Unterstützung und Beratung, die mir oft sehr viel geholfen und meine Arbeit einen Gang höher hat schalten lassen.

Ich danke Dir, Bernd Schachtsiek, für Deine großartige Unterstützung meiner Projekte, und dem Völklinger Kreis für Euren überragenden Zuspruch, der mir viel Rückenwind gegeben hat.

Danke an Dich, Uta Menges, das Diversity-Team und die IBM, ohne Euch hätte es den Film nicht gegeben und er wäre nicht so weit gestreut worden.

Danke auch an das gesamte Paravan-Team für Eure Unterstützung auf dem Weg hin zu bedingungsloser Mobilität.

Vielen Dank an das Jugendnetzwerk Lambda und an alle Lambdas für Eure Hilfe auf dem Weg zu mir selbst und die erfahrungsreiche Zusammenarbeit.

Danken möchte ich Dir, Christiane Rée-Ahlenstorf, dass Du meine Abenteuerlust angestachelt hast, sowie allen, die ich auf meiner Namibia-Reise kennenlernen durfte.

Ein Dank auch meiner London-Gang, Dennis, Kibar und Niklas, und an Jonas, Tizia, Lisa, Katy, Corinna, Vanessa, Lars, Markus, Malte, Nathanael und allen, die mich freundschaftlich begleitet haben.

Besonders bedanken möchte ich mich bei Sven und Torsten für unvergessliche Erlebnisse, aufregende Abenteuer und die vielen gemütlichen Abende auf der Couch.

Ein ganz großes Dankeschön geht schließlich an meine Freunde Jan, Madita und Albrecht dafür, dass Ihr mich in guten und schlechten Zeiten stets positiv und motivierend begleitet habt, Ihr jederzeit für mich da seid und immer an mich glaubt. Und für die vielen glücklichen und fröhlichen Momente, die Ihr mir schenkt.